EDITION V

Michael Grabher

EASY MONEY

1×1

So legen Sie Ihr Geld richtig an.

EDITION V

Anmeldung zum edition V Newsletter:

Folge uns auf facebook und instagram
facebook: editionvorarlberg
instagram: editionv_verlag

2. Auflage 2025

ISBN 978-3-903240-76-6

Coverfotografie © Frederick Sams
Lektorat: Nina Winkler
Korrektorat: Magdalena Amann
Satz und Gestaltung: Denise Sterr
Grafiken: Michael Grabher,
Österreichische Finanzmarktaufsicht (S. 74)
Druck: finidr, s. r. o.

Kontaktadresse nach EU-Produktsicherheitsverordnung:
produktsicherheit@edition-v.at

EINLEITUNG

Meine Mutter erzählt gerne die Geschichte, dass ich als 7-Jähriger in Monaco Francs in Lire umgerechnet habe. Ohne Kopfrechnen ging es damals nicht.

Auch Aktien haben mich früh fasziniert, und schon in den Jahren 1998 und 1999 war ich dick im Geschäft. Meine Studienkollegen* und ich haben über diejenigen gelächelt, die die Zeichen der Zeit nicht erkannt haben. Mit Börsendeals neuer Internetunternehmen machten wir – zumindest für Studentenverhältnisse – viel Geld. 2000 kam die Dotcom-Blase und unsere Gewinne waren Geschichte. Diese Lektion hatte gesessen. Ich kann mich noch gut erinnern, wie sich ein Leistungsstipendium, das ich in eine Aktie investierte, in Luft auflöste.

Das wird mir nie wieder passieren, habe ich mir geschworen, um es – nachdem ich für einige Jahre geheilt war – zu einem späteren Zeitpunkt nochmals zu versuchen.

Dieses Mal war die Strategie scheinbar besser. Ich kaufte ein paar gewinnträchtige Einzelaktien und verfolgte die Entwicklung einiger Aktienfonds, von denen ich jene kaufte, die in den letzten Jahren die beste Performance aufwiesen – die Gewinner-Fonds. Doch die Gewinne stellten sich nicht ein, die Sache dümpelte vor sich hin.

Damit wollte ich mich nicht zufriedengeben. Am Scheideweg brauchte ich Gewissheit. Die entscheidende Frage, die sich mir stellte, war: Gibt es eine Möglichkeit,

---

* Aus Gründen der besseren Lesbarkeit wird bei Personenbezeichnungen die männliche Form genutzt. Die Begriffe gelten für alle Geschlechter.

langfristig gute Renditen an Aktienmärkten zu erwirtschaften? Dazu musste es Fachliteratur, Studien und Berichte erfolgreicher Investoren geben. Ich war bereit, diesen Weg zu gehen und las jahrelang wie ein Besessener: Es waren die Werke der großen Ökonomen, aber auch der großen Investoren, die Berichte von Verhaltenspsychologen und Risikoforschern, die Studien von wirtschaftswissenschaftlichen und mathematischen Fakultäten. Am Ende einer Lektüre voller Aha-Erlebnisse war mir vollkommen klar, dass es einen Weg gibt, am Kapitalmarkt erfolgreich zu sein. Seither veranlage ich so, wie ich es schon immer hätte tun sollen.

Als Leiter einer Volkshochschule war ich überrascht, als ich den heimischen Bildungsmarkt sondierte. Formate, in denen es um den ultimativen ökonomischen Nutzen ging, waren nicht nur selten, es gab sie nicht. Ich informierte meinen Vorstand: Ein Geldanlage-Seminar sollte die Finanzbildung bieten, die einen echten Vorsprung generiert.

Das Seminarprogramm fand mediale Unterstützung und der Zulauf war groß. Die größte regionale Tageszeitung, die »Vorarlberger Nachrichten«, berichtete: »Das Finanzseminar hat sich bis tief in die Expertenszene herumgesprochen und einen wahren Hype ausgelöst.«

Als Folge der Presseberichte evaluierte das österreichische Bundesministerium für Finanzen im Rahmen ihrer nationalen Finanzbildungsstrategie das Seminar mit dem frechen Titel »Easy Money«. An deren Ende stand die Zertifizierung als »Maßnahme der Nationalen Finanzbildungsstrategie«. Dass das Buch, das Sie in den Händen halten, 2025 als erstes Buch überhaupt zur »Maßnahme der Nationalen Finanzbildungsstrategie« erklärt wurde, erfüllt mich mit Demut.

Wenn Sie sich bei der Kapitalanlage als Casino-Zocker sehen, ist dieses Buch nicht das Richtige für Sie. Die kommende Lektüre ist eine Mischung aus Konsumentenschutzveranstaltung und Kapitalanlage-Seminar. Ich werde alles geben, um Ihnen einen Vorteil am Kapitalmarkt zu verschaffen. Sie werden überrascht sein, wie einfach es ist, erfolgreich zu sein. Ich spreche österreichische Anleger an, auf die Situation in Deutschland gehe ich nicht ein.

Das Konzept dieses Buches ist an mein Seminar angelehnt. Es gibt Menschen, die noch kaum mit Aktien in Kontakt gekommen sind, für sie habe ich den Grundlagen-Teil verfasst. Wer tiefer in die Materie eindringen will, dem empfehle ich den zweiten Teil mit dem Titel »Next Step«. Niemand muss den erweiterten Teil lesen, um als Anleger erfolgreich zu sein, aber er bietet Hintergrundwissen, das fortgeschrittene Sparer interessant finden könnten.

Ich bin davon überzeugt, dass Sie am Ende des Buches die Kapitalanlage mit anderen Augen sehen, und freue mich, Sie auf Ihrem Finanz-Crashkurs begleiten zu dürfen.

Noch etwas ist mir wichtig: Ich möchte mich bei all jenen bedanken, die dazu beigetragen haben, dass dieses Buch ein so durchschlagender Erfolg wurde und die Bestseller-Listen wochenlang anführte. Was ich im Zuge dessen an Wertschätzung erfahren habe, kann man in Geld nicht aufwiegen. Danke!

Ich hoffe, etwas davon zurückgeben zu können, und freue mich auf viele literarische oder persönliche Begegnungen mit Ihnen. Und nun wünsche ich eine spannende Lektüre der überarbeiteten zweiten Auflage!

Haftungsausschluss

Die Aussagen in diesem Buch geben die persönlichen Ansichten des Autors wieder und sind weder als Anlageberatung noch als Rechtsberatung oder Steuerberatung zu verstehen. Vermögensanlagen in Aktien, Anleihen, Kryptowährungen, Edelmetalle, Immobilien, Rohstoffe und weitere Finanzprodukte sind mit beträchtlichen Verlustgefahren verbunden. Die angeführten Daten bieten keinerlei Gewähr für zukünftige Renditen oder Erträge. Autor und Verlag geben trotz sorgfältiger Recherche keine Garantie für die Richtigkeit der Daten und Berechnungen. Eine Haftung für Schäden, die aus der Durchführung und Umsetzung der in diesem Buch gegebenen Empfehlungen resultieren, wird nicht übernommen.

INHALT

Teil 1

SPAREN UND KAPITALANLAGE FÜR EINSTEIGER

1. WER HAT, DER HAT – SPAREN UND VERMÖGEN

»Man kann die Gegenwart eines ökonomischen Systems nicht beschreiben – man kann nur die Vergangenheit beschreiben.«

Ludwig von Mises

In meinen Seminaren arbeite ich, wo es möglich ist, mit Flipcharts. Ich hatte das Gefühl, dass diese lebendiger und spannender sind als PowerPoint-Präsentationen. Deshalb werden Sie in diesem Buch regelmäßig Flipcharts aus meinen Veranstaltungen finden.

Ich beginne mit folgender Grafik.

Zu Beginn frage ich meine Teilnehmer in der Vorstellungsrunde, welche Renditen sie bisher erzielt haben. Die Antworten sind immer gleich. Sie schwanken zwischen gar nichts, Sparbuchrendite und »bei Aktien nur verloren«.

Dann erkläre ich, was wir in den nächsten Stunden besprechen. Es ist im Grunde dasselbe, was Sie derzeit machen, indem Sie dieses Buch lesen. Sie interessieren sich für Geldanlagen und wollen, dass sich etwas verbessert. Erst besprechen wir das Thema »Sparen«, ich nenne das Sparprogramm, dann folgen die Märchenstunde (Gespräch mit Bank- oder Versicherungsberater), der Aufklärungsunterricht (wie es wirklich ist) und zuletzt sehen wir uns wissenschaftliche Belege an (Statistik). Am Ende des Seminars herrscht eine richtige Aufbruchstimmung.

Warum sparen?

Warum sollen wir überhaupt sparen? Wieso leben wir nicht einfach in den Tag hinein und lassen es uns gut gehen? Schließlich lebt niemand ewig.

Dieses Konzept ist keine gute Idee. Sparen ist sinnvoll und bedeutet auf Konsum zu verzichten. Die einfachste Regel im Wirtschafts- und Privatleben ist, nicht mehr auszugeben, als man zur Verfügung hat. Es ist gut, wenn etwas übrigbleibt, je mehr, desto besser, um es etwas flapsig zu formulieren.

Wir blicken einer unsicheren staatlichen Altersvorsorge entgegen. Das Verhältnis aus Beitragszahlern und Pensionsempfängern verschlechtert sich (höhere Lebenserwartung, geburtenstarke Jahrgänge treten Pension an) und damit werden unsere Bürger früher oder später konfrontiert. Sollte die Pension aus politischen Motiven unangetastet bleiben, wird der Steuerzahler andere budgetäre Belastungen zu spüren bekommen. Gewinner ist, wer den Konsum unter Kontrolle hat.

Das Ziel des Sparens sollte nicht darin bestehen, schnell reich zu werden, mit Sportwagen zu protzen oder ein Leben im Luxus zu führen. Der Sinn des Sparens sollte darin bestehen, für das Alter Vorsorge zu treffen, einen Lebensabend ohne Sorgen und mit Möglichkeiten zu gewährleisten oder die nächsten Generationen, Kinder und Enkelkinder, finanziell zu unterstützen und seine Familie abzusichern. Alternativ dazu erfüllt das Sparen Träume, die man sich vorher nicht gegönnt hat oder die auf kurze Sicht nicht leistbar wären, z. B. die Reise nach Südamerika oder die Kreuzfahrt ans Nordkap.

Wenn Sie nicht schwerreicher Erbe großer Ländereien oder eines gewaltigen Stiftungsvermögens sind, gilt für Sie: Ihre größte Einnahmen- und Vermögensquelle ist Ihr Humankapital. Wir verdienen unser Geld mit Arbeiten.

Folgende Tabelle zeigt ein einfaches Beispiel: Eine 50-jährige Arbeitnehmerin plant, mit 65 Jahren ihren Ruhestand anzutreten. Sie hat danach nicht mehr vor, zu arbeiten. Wir tun, als gäbe es keine Inflation bzw. würde diese durch jährliche Lohnsteigerungen abgedeckt werden. Wie hoch ist ihr voraussichtliches Einkommen in der verbleibenden Zeit (aktuell etwa 15 Jahre)?

Tabelle 1: Humankapital

Alter	Pensionsantritt	Netto-Monatsgehalt*	Humankapital
50 Jahre	65 Jahre	3.000 Euro	630.000 Euro

* Annahme 14 Monatsgehälter (inkl. Weihnachts- und Urlaubsgeld = 13./14. Gehalt)

Die Antwort lautet: 630.000 Euro (15 × 42.000 Euro). Die Summe ist nur ein Richtwert, schließlich gibt es Risiken wie Krankheit, Unfall, Jobverlust, die die Planbarkeit einschränken. Je jünger man ist, desto höher ist das Arbeitseinkommen, das man noch vor sich hat, je näher man dem Pensionsantritt ist, desto niedriger ist es. Für diejenigen, die nachrechnen möchten, steht auf der Plattform »Finanzfluss« ein Humankapital-Rechner zur Verfügung: https://www.finanzfluss.de/rechner/humankapital-berechnen/

Wir sind also unsere wichtigste Ressource und sollten uns deshalb gut behandeln. Der Verzicht auf Alkohol und Zigaretten sowie das Achten auf körperliche Fitness, Bildung und Weiterbildung sind ebenso relevant wie sicheres Auftreten und Sozialkompetenz. Selbst wenn Sie beruflich nicht Zukunftsthemen wie Cloud Computing oder Green Tech betreiben: Wer fleißig, aktiv und aufgeweckt ist, bekommt früher oder später seine Chance, in Form eines Aufstiegs im Betrieb oder anderenorts. Es nie zu spät, Neues zu entdecken.

Hinzu kommt, dass motivierte Arbeitende gerne nach neuen Möglichkeiten suchen. Ich kenne viele Menschen mit Zweit- und Nebenjobs, die diese nicht allein wegen des Geldes ausüben. Sie sagen: »Wir möchten noch eine andere Perspektive kennenlernen.« Nebenjobs öffnen Netzwerke. Netzwerke, die vielleicht sogar mehr Spaß machen als Work-Life-Balance und viel Freizeit.

Erfolgsversprechend ist eine konkrete Umsetzungs-Strategie. Wir können uns im finanziellen Bereich konkrete Ziele setzen und das Ergebnis überprüfen. Ich zeige Ihnen nun einen sehr einfachen Weg, wie das funktionieren kann.

Dieser basiert auf der Formel »FIT«. Sie steht für fixiert (konkret), in Reichweite (erreichbar), terminiert (also mit einem Endzeitpunkt versehen).

Das konkrete Ziel lautet dann z. B. am 1.1.2025: Ich möchte am 31.12.2025 eine Summe von 10.000 Euro zur Seite gelegt haben. Somit haben Sie ein konkretes Ziel in Form von 10.000 Euro Überschuss, die Sie im Arbeitsjahr 2025 erwirtschaften wollen und das am 31.12.2025 erreicht werden soll. Und Sie haben beurteilt, ob sich dieses Ziel in Ihrer Reichweite befindet. Wenn Sie das Ziel nicht erreichen konnten, versuchen Sie es im Folgezeitraum noch einmal – es können auch kürzere Zeiträume als ein Jahr sein.

Wenn Sie das Ziel erreicht haben: Herzliche Gratulation! Dieser Erfolg steigert Ihre Motivation.

Falls Sie das Ziel verfehlt haben, verzagen Sie nicht. Fragen Sie sich für die Folgeperiode:

- Warum habe ich das Ziel nicht erreicht?
- Habe ich Positionen falsch eingeschätzt oder eine größere Anschaffung übersehen?
- Was kann ich berücksichtigen, um mir ein neues, realistisches Ziel zu setzen?

Wo sparen?

Es gibt hunderte Seiten starke Ratgeber über das Sparen und tausende Tipps im Internet. Manche sind wirklich gut, andere richtig schlecht; sie führen zum Teil sogar dazu, dass anstelle des Konsumverzichts noch mehr ausgegeben wird (man denke z. B. an günstigere Großpackungen). Wir müssen deshalb zwischen den großen Blöcken, die dem Konsumenten viel bringen, und Pfennigfuchsereien, die uns nicht wirklich reicher machen, trennen.

Das Auto

Der Pkw zählt zu den großen Posten in vielen Haushalten, manche Haushalte halten mehrere Fahrzeuge. Selbst ein kleines Fahrzeug kostet, wenn man alle Kosten zusammenzählt (Kaufpreis im Verhältnis zur Nutzungsdauer, Haftpflicht- und Kaskoversicherung, Reparaturen, Treibstoff, Steuern, Maut, Vignette, Verkehrsstrafen) mindestens 500 Euro im Monat, also 6.000 Euro im Jahr – die Schere öffnet sich danach weit.

Wenn man sich nun vorstellt, 500 Euro monatlich in einen Sparplan zu stecken, der 8 % Rendite abwirft, dann hätte man über 40 Jahre 240.000 Euro investiert. Erhalten würde man nach 40 Jahren – halten Sie sich fest – über 1,7 Millionen Euro. Bei 6 % Rendite ist es etwa eine Million. Im Seminar sieht das so aus:

Was glauben Sie, würde jemand in 40 Jahren bekommen, wenn er 3.000 Euro im Monat verdient (bei 14 Gehältern sind das 3.500 Euro monatlich) und nichts veranlagt? Antwort: 1,7 Millionen Euro. Im Direktvergleich sieht das so aus:

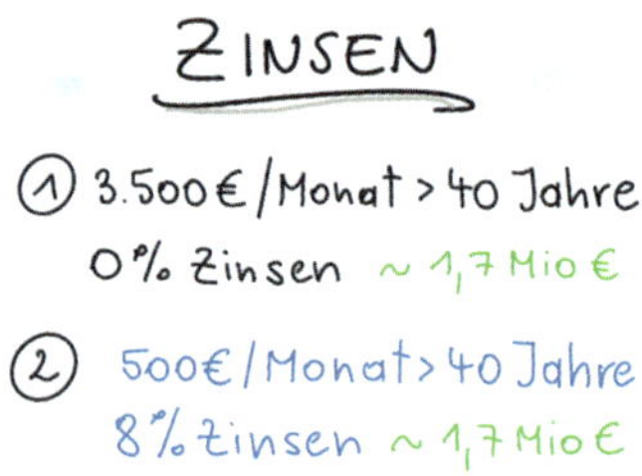

Selbst wer nicht auf die günstigeren öffentlichen Verkehrsmittel oder Car-Sharing setzen will, hat großes Sparpotenzial: Der Wertverlust, den ein Neuwagen nach drei Jahren erleidet, liegt bei etwa 50 Prozent. Danach sind es eher 5 bis 6 % pro Jahr. Folglich müssen die Neuwagenrabatte schon sehr hoch ausfallen, damit ein Neuwagenkauf sinnvoll erscheint.

Der ADAC hat 2024 eine Vollkostenberechnung in Cent pro Kilometer durchgeführt und die Gesamtkosten von Autos verglichen. Auffallend ist, dass bei den mittelpreisigen Automarken (z. B. Skoda, Suzuki, Renault, Toyota) die Verbrenner die Nase vorn haben, während im Premium-Segment die Elektro-Varianten zum Teil mit niedrigeren Kosten überzeugen. Wer ein gebrauchtes Fahrzeug mit traditionellem Antrieb kauft, wird günstiger davonkommen. Wer ein Elektrofahrzeug als Firmenfahrzeug nutzt oder privat über diese Maßnahme das Klima schützen will, kann zum Elektro-Pkw greifen.

Man glaubt es kaum, aber über 50 % der Neuwagen sind in Österreich leasingfinanziert, die Auto-Kredite sind hier noch gar nicht berücksichtigt. Leasing steht für ein kompliziertes, zinsgetriebenes, mit Nebenkosten versehenes Finanzprodukt, das für den Konsumenten kaum durchschaubar ist. Der vergleichende Barkäufer ist fast immer im Vorteil. Zudem ermöglicht der Barkauf eines Autos höhere Rabatte auf den Listenpreis als bei Leasingfahrzeugen.

Leasing wird von den einschlägigen Anbietern als sicher und bequem vermarktet. Leasing ist sicher, weil Sie die teure Vollkaskoversicherung zahlen und insofern bequem, als dass Sie ein neues Auto finanzieren und noch kräftig Zinsen dazulegen. Wirklich sicher ist, dass Leasing wie andere Schulden den Vermögensaufbau behindert, weil unnötig auf Pump, wie der Volksmund sagt, finanziert wird.

Ihre Immobilie

Dem Thema »Immobilien« widme ich in Teil 2 ein Kapitel (16), das auch den Investment-Charakter der Immobilie bewertet. An dieser Stelle sei nur gesagt, dass Wohnungsausstattung und Innenarchitektur vom Feinsten mit Sicherheit nicht die beste Veranlagung darstellen, da der Wertverlust groß ist. Mir hat kürzlich eine Bekannte mitgeteilt, dass sie eine Couch um 9.000 Euro erstanden hat. Der Tischler hat es sicher toll gemacht, doch eine schöne Couch kann man ohne Weiteres um 3.000 Euro erwerben. Und nach 20 Jahren sind beide entsprechend abgenutzt und weitgehend wertlos. Auch ein neuer golfplatzartiger Rollrasen im Garten ist nur kurz unberührt, denn die wilde Natur erobert sich ihr Terrain zurück. Wenn Sie Kinder haben, wird sich ein Haus mit Museums-Charakter ohnehin nicht lange mit der Wirklichkeit vereinbaren lassen.

Ein ständiges Upgrade Ihrer Innen- und Außeneinrichtung muss große Freude bereiten, ansonsten wäre es klüger, darauf zu verzichten. Notwendige Reparaturen und eine übliche Instandhaltung sollten hingegen immer durchgeführt werden.

Versicherungen

Wir Menschen haben viele Sorgen und Ängste und würden uns am liebsten gegen alles absichern. Versicherungen bedeuten jedoch monatliche und jährliche Fixkosten. Wirklich notwendig sind folgende Versicherungen: Haftpflichtversicherung (Pkw), Eigenheimversicherung, private Haftpflichtversicherung (zum Teil in der Eigenheimversicherung inkludiert). Manche Berufsgruppen wie z. B. Ärzte oder klinische Psychologen benötigen zudem eine Berufshaftpflichtversicherung. Eine Risikolebensversicherung dient im Falle des Todes zur Absicherung der Familie bzw. des Partners, sie ist deutlich günstiger als eine kombinierte Er- und Ablebensversicherung.

Andere Versicherungen sind Geschmackssache und individuell zu beurteilen, aber immer mit einem Aufpreis versehen. Ob sich die hohen Kosten einer privaten Krankenversicherung in unserem Gesundheitssystem rechtfertigen lassen, ist fraglich, das gilt auch für die Kaskoversicherung für den Pkw, die Unfallversicherung oder die Rechtsschutzversicherung. Die Prämien sind steuerbar: Je höher der Selbstbehalt bzw. je moderater die Leistung, desto niedriger die Prämie. Wer die Fixkosten gering halten möchte, könnte deshalb bei Versicherungen immer den größtmöglich angebotenen Selbstbehalt wählen, wenn ein solcher vorgesehen ist.

Alle Versicherungen bieten Potenzial zur Kostenoptimierung. Was Sie garantiert nicht brauchen, sind die etlichen Miniversicherungsformate wie die Brillenversicherung, die Smartphone-Versicherung oder die Versicherung des TV-Geräts. Erweiterte Produktgarantie-Versicherungen sind fast immer unnötig. Für alle Versicherungen gilt: vergleichen. Wer es nicht tut, hat in den seltensten Fällen die Kosten optimiert. Wer regelmäßig Angebote einholt und nachfragt, zwingt die Versicherungsunternehmen zum Nachbessern. Internetportale wie »Durchblicker« ermöglichen einen Versicherungsvergleich im Leistungs- und Kostenbereich, weitere nützliche Informationen zu Versicherungen erhalten sie vom Verein für Konsumenteninformation und der Arbeiterkammer.

Ein sehr guter Richtwert sind die Versicherungsleistungen der letzten fünf oder zehn Jahre, die Sie erhalten haben – verglichen mit den Prämienzahlungen. Rechnen Sie nach, Sie erhalten dann Anhaltspunkte über Ihre Versicherungsvergangenheit. Und vergessen Sie nie: Das Wesen einer Versicherung besteht darin, mehr Prämien einzunehmen als Leistungen auszuzahlen. In Anlehnung an das Werbeversprechen einer Versicherung sagte einst ein Anwalt zu mir: »Ihre Sorgen wollen wir haben, aber zahlen wollen wir nicht.«

Abos

Wir haben etliche monatliche Verträge, die sich zusammenläppern. Was sich früher auf den Festnetz-Telefonanschluss beschränkte, ist heute zu einem markanten Kostenpunkt geworden. Teilweise sind die Tarife inflationsangepasst, steigen also jährlich. Die Lockangebote sind schnell abgeschlossen, die Preissteigerungen verlieren wir aus dem Blick. Handyvertrag, WLAN zu Hause, Sky, Amazon Prime, Netflix, Disney Channel, DAZN, Spotify, diverse Bezahl-Apps. Bei Smartphone-Verträgen ist es fast immer schlauer, einen günstigen Tarif zu wählen und das Handy selbst zu kaufen, statt monatlich 80 Euro für das neueste iPhone zu berappen. Hier lohnt sich regelmäßiges Vergleichen ungemein.

Lotto spielen

Egal wie gering die Erfolgsaussichten sind, Menschen haben kein Problem damit, überschaubare Summen beim Lotto auszugeben, obwohl sie fast immer draufzahlen. Da es in etwa gleich wahrscheinlich ist, von einem Blitz getötet zu werden wie einen Lotto-Sechser in Österreich zu erreichen, verdienen die Lotterien richtig viel Geld. Die Chancen auf einen Lotto-Sechser stehen in Österreich (6 aus 45) bei etwa 1 zu 8 Millionen, also 0,0000123 Prozent, in Deutschland bei 1 zu 140 Millionen, da es dort 49 Zahlen gibt. Die hohen Gewinne machen uns blind für winzige Wahrscheinlichkeiten.

Nachhaltig sparen und anlegen

Es gibt viele Möglichkeiten, nachhaltig zu sparen und anzulegen, im Detail differenzieren wir zwischen nachhaltigem Anlegen im engeren Sinne (z. B. Nachhaltigkeits-Fonds) und langfristig sinnvoller Kapitalanlage im weiteren Sinne.

Impulskäufe, zu denen wir ständig verleitet werden, gehören nicht dazu. Das digitale Zeitalter verführt stärker, schneller und unkomplizierter – zwei, drei Klicks genügen, und das Produkt ist per Kreditkarte bezahlt. Dass diese Käufe nicht glücklich machen und die Euphorie schnell verfliegt, ist Allgemeingut. Als eine wirksame Gegenmaßnahme gilt die »30-Tage-Regel«: Lassen Sie das Produkt 30 Tage im Warenkorb und fragen Sie sich einen Monat später bei nicht dringlichen Anschaffungen: Brauche ich das wirklich? Sie werden überrascht sein, in wie vielen Fällen Sie sich dagegen entscheiden.

Dass die digitalen Konsumverführungen höher sind als je zuvor, gilt als unbestritten. Fragen Sie sich deshalb: Benötige ich wirklich alle Streaming-Abos, das teuerste Smartphone in Kombination mit einem zu hohen Tarif oder die Premium-Marke, die schon den Preisaufschlag im Namen trägt?

Gesund und fit leben kann ebenfalls das Sparschwein zum Quieken bringen: Wandern, Laufen und altmodisches Radfahren sind echte Sport-Schnäppchen. Öffentliche Bibliotheken beeindrucken mich immer wieder mit ihrer Auswahl und den sozialverträglichen Tarifen und bieten ein großartiges Angebot, um Geld zu sparen.

Was immer hilft, ist der Preisvergleich; das gilt auch bei Reparaturen. Verbraucherzentralen stellen im Internet verlässliche Kalkulationen zur Verfügung, ab welchem Lebensalter die Reparatur z. B. eines Elektro-Großgeräts noch sinnvoll ist oder ob ein Neukauf die bessere Wahl ist. Doch es muss auch klar sein, dass der Verzicht auf einen Kaffee und Centbeträge beim täglichen Einkauf nicht plötzlichen Wohlstand auslösen. Überlegen Sie sich dennoch regelmäßig: Gibt es bessere Optionen, die eine nennenswerte Ersparnis bringen? Ein Kapselkaffee kostet übrigens etwa das sechsfache eines Kaffees aus der kapsellosen Espressomaschine.

Im Seminar machen wir gerne ein kurzes Brainstorming zum Thema Sparen, das unsere grauen Zellen aktiviert und schnelle und interessante Ergebnisse liefert. Es sieht so aus:

Meine Seminarteilnehmer mögen dieses bewusste Nachdenken sehr. Es entstehen zudem gruppendynamische Effekte; gemeinsam erreichen wir ein größeres Spektrum und übersehen weniger. Es tut gut, mit anderen Menschen über Geld nachzudenken.

Schulden sind schlecht

In vielen Büchern über Finanzen steht, dass es gute und schlechte Schulden gäbe. Am besten ist es aber immer, keine Schulden zu haben, in gewissen Fällen, z. B. bei einem Hauskauf, lassen sie sich aber nicht vermeiden.

Früher war es bei Privathaushalten gängig, ein Haushaltsbuch auf Papier zu führen. Das ist im Wesentlichen eine Einnahmen-Ausgaben-Rechnung mit dem Ziel, am Ende des Jahres nicht ins Minus zu geraten. Es gibt mittlerweile etliche Möglichkeiten, ein Haushaltsbuch zu führen. Was man früher noch händisch tat, ist heute als zum Teil kostenlose App (z. B. Money Manager) verfügbar, im Internet finden Sie zahlreiche Tools wie Excel-Dateien, die entsprechende Übersichten erlauben. Die einfachste Form haben wir alle schon: das Girokonto. Am Ende des Jahres kann man sich eine einfache Übersicht in Excel oder im PDF-Form automatisch im Online-Banking erstellen lassen, wenn man nicht jede Einnahme und Ausgabe in einem digitalen Haushaltsbuch erfassen will. Weitere Möglichkeiten der Auswertung stellen die Online-Banking-Plattformen der Filial- und Direktbanken zur Verfügung.

Auch hier macht es Sinn, ein Finanzziel für das Gesamtjahr festzulegen. Wer sein Finanzziel mit einer Kapitalanlage verknüpft, kann das Ergebnis jährlich überprüfen.

Im folgenden Beispiel hat sich eine Angestellte vorgenommen, 300 Euro monatlich in einen Sparplan zu stecken, das sind 3.600 Euro im Jahr. Geht sich das aus?

Tabelle 2: Einnahmen-Ausgaben-Rechnung für das Jahr 2025

1.1.2025 bis 31.12.2025	Einnahmen	Ausgaben	Ergebnis
Ziel	60.000 Euro	54.000 Euro	+ 6.000 Euro
tatsächlich	63.000 Euro	56.000 Euro	+ 7.000 Euro

Fazit: Der angestrebte Sparplan kann durchgeführt werden, das Ziel wurde erreicht, die monatliche Sparquote könnte sogar erhöht werden.

Von Ihrem Immobilienkredit abgesehen, sollten Schulden ein Tabu sein. Es ist selbstverständlich, dass sich die Wenigsten eine Immobilie leisten können, ohne ein Darlehen aufzunehmen. Man müsste dazu schon äußerst wohlhabend sein. Die sinnvollste alternative Investition wären Studienkredite, die im Bildungssystem der USA viele Studenten belasten, bei uns aber durch ein staatliches Universitätssystem weitgehend abgefedert werden.

Das pure Gift sind Konsumschulden, das Leben über die eigenen Verhältnisse, sprich Leasing-Auto, Smartphone, Spielkonsole, Designerkleidung. Besondere Schmerzen verursachen Kreditkartenschulden und die Überziehung des Girokontos, dort lauern zweistellige Sollzinsen, das Eintrittsticket in die Schuldenfalle. Alkohol, Drogen und Glücksspiel sind auch keine Lösung – sie beschädigen unser Humankapital und führen selten zu stabilen familiären Beziehungen. Fakt ist zudem: Obwohl bei der Hochzeit alle guter Dinge sind, enden etwa 40 % der Ehen mit einer Scheidung. Dies verschlechtert in den meisten Fällen die wirtschaftliche Situation beider ehemaliger Ehepartner.

Sparen ist Einstellungssache, Konsumschulden sind ein Fluch. Es gibt etliche Möglichkeiten, auf Konsum zu verzichten und nachhaltig zu wirtschaften. Im täglichen Leben ergeben sich bei Auto und Versicherungen beträchtliche Potenziale. Preis- und Angebotsvergleiche sind immer sinnvoll, v. a. bei größeren Anschaffungen.

2. VERMÖGENSWERTE (ASSETS)

»Das, was man für die Börse an Mathematik benötigt, lernen Sie in der 4. Klasse der Grundschule.«

Peter Lynch

Wenn wir unser Geld anlegen, möchten wir eine gute Rendite erreichen. Die Rendite ist der Ertrag, den eine Kapitalanlage abwirft. Sparbuchrenditen und Staatsanleihen sind in Österreich seit Jahren real negativ, das heißt sie werfen nach Berücksichtigung der Inflation keinen Gewinn mehr ab. Wir brauchen also eine Alternative.

Wenn Geld angelegt wird, erwarten wir dafür Zinsen. Die Tatsache, dass diese Zinsen wiederum Zinsen erzeugen, nennt man Zinseszins. Jeder langfristige Anleger profitiert davon, wenn sich die Anlage positiv entwickelt. Je länger der Zeitraum, desto stärker wirkt sich der Zinseszins aus. Man spricht hier von exponentiellem Wachstum. Es fällt uns Menschen zwar schwer, dies auf Anhieb zu verstehen, an der herausragenden Bedeutung des Zinseszinses ändert dies jedoch nichts.

Immer wieder liest oder hört man übrigens, dass Albert Einstein den Zinseszins als achtes Weltwunder oder als stärkste Kraft des Universums bezeichnet hätte. Dafür gibt es keinen Beleg, also hat dieses Zitat jemand erfunden und alle anderen haben das abgeschrieben oder gepostet.

Vermögenswerte im Überblick

Betrachten wir zunächst die wesentlichen Vermögenswerte, in die man veranlagen kann. Sie werden auch Assets, Assetklassen oder Anlageklassen genannt.

Auf dem Flipchart sieht das so aus:

Vermögensanlagen sind z. B. Aktien, Anleihen, Geldmarktanlagen, Edelmetalle, Immobilien, Rohstoffe oder Kryptowährungen. Neben diesen Überbegriffen lassen sich die Anlagen weiter untergliedern (z. B. Anleihen: Staatsanleihen, Unternehmensanleihen; Edelmetalle: Gold, Silber …). Häufig ummanteln Finanzprodukte diese Klassen

(z. B. Aktienfonds). Diese Produktverpackungen verursachen Kosten. Je höher diese Kosten sind, desto schlechter ist das für die Rendite.

Eine Aktie ist eine Beteiligung an einem Unternehmen. Aktien sind langfristig betrachtet die renditestärkste Anlageklasse, sie unterliegen aber einem höheren Risiko. Es liegen umfassende Daten aus über 100 Jahren vor. Trotzdem gelingt es dem Großteil der Anleger nicht, davon zu profitieren.

Ein Aktienfonds ist ein Investmentfonds einer Fondsgesellschaft, der sich auf Aktien bezieht. Hier versuchen Fondsmanager, aktiv den Markt zu schlagen, d. h. optimales Handeln von Aktien soll bessere Ergebnisse als der Marktdurchschnitt bringen. Für jeden Markt gibt es dazu den passenden Vergleichswert, meist ist das ein Index. Ein Aktienindex ist ein Wertpapierkorb, in dem z. B. Aktien eines Landes gesammelt werden (Österreich: ATX, Deutschland: DAX).

Im Gegensatz dazu stehen Aktien-ETFs. Sie bilden einen Index nach. Es werden alle Aktien im entsprechenden Verhältnis an der Börse gekauft. Wer einen Aktien-ETF besitzt, erhält als Rendite den Durchschnitt, den der Markt hergibt.

Eine Anleihe ist ein Wertpapier, bei dem der Käufer dem Aussteller der Anleihe (z. B. Staaten, Unternehmen, Banken) einen Kredit gewährt. Die sichersten Anleihen kommen von Staaten mit höchster Bonität, z. B. Deutschland. Die Renditen sind meist niedriger als bei Aktien.

Anleihen sind Fremdkapital: Wenn Sie eine österreichische Bundesanleihe kaufen, haben Sie dem Staat einen Kredit gegeben, d. h. Österreich hat Schulden bei Ihnen.

Dafür muss der Bund Ihnen Zinsen zahlen. Der jährliche Zinssatz heißt Kupon und die Dauer ist fixiert, z. B. fünf Jahre. Am Ende der Laufzeit erhält der Anleihenbesitzer die zur Verfügung gestellte Summe zurück.

Man kann Anleihen jederzeit am Markt kaufen und verkaufen. Hier kommt es zu Schwankungen: Wenn der Marktzins fällt, steigt der Kurs der Anleihe (weil sie attraktive Zinsen liefert), wenn der Marktzins steigt, fällt der Kurs der Anleihe (weil die Zinsen weniger attraktiv werden).

Ratingagenturen stufen die Kreditwürdigkeit (Bonität) von Unternehmen oder Staaten ein. Je höher diese ist, desto besser ist das Rating. Die Bestnote heißt AAA (Triple-AAA), sie gilt z. B. für deutsche Staatsanleihen. Je höher das Rating ist, desto niedriger sind auch die Zinsen. Denn es gilt auch: Je niedriger das Risiko, desto niedriger sind die Zinsen.

Während am Kapitalmarkt langfristig investiert wird, gibt es auch Geldmarktanlagen. Sie umfassen den Handel von maximal einem Jahr. Ein Geldmarkt-Investment kann z. B. kurzfristige Anleihen betreffen, mit dem Ziel eines geringen Anlagerisikos. Geldmarktanlagen können schnell und mit überschaubaren Kosten veräußert werden.

Tagesgelder, Festgelder und Sparbücher können ebenfalls zu den Geldmarktanlagen gezählt werden. Sie unterliegen der staatlichen Einlagensicherung (100.000 Euro pro Person).

Tagesgeld ist eine Geldanlage mit variablen Zinsen, die sich am Marktzins orientiert. Die Zinsen ändern sich täglich.

Festgelder bringen (z. B. über sechs oder zwölf Monate) ähnliche Renditen und müssen nach dem Auslaufen neu vereinbart werden. Es empfiehlt sich, in einigen Banken nachzufragen und die Tages- und Festgeld-Angebote im Internet abzufragen, um die besten Konditionen zu erhalten.

Gold ist seit etwa 1975 frei handelbar. Während Gold in den letzten 20 Jahren sogar besser abschnitt als der weltweite Aktienmarkt, hat es von 1980 bis 2001 eine schlechte Performance vorzuweisen. Da Gold mit Ausnahme der Schmuckindustrie keinen wirtschaftlichen Ertrag schafft, ist sein Wert spekulativ. Neben Gold und Silber gibt es weitere Edelmetalle und Rohstoffe (z. B. Erdöl, Erdgas), in die prinzipiell angelegt werden kann. Für Privatanleger sind sie aufgrund langfristig schwacher Renditen aber kein geeignetes Investment.

Kryptowährungen, kurz Kryptos genannt, sind digitale Zahlungsmittel, die getauscht und gehandelt werden können. Eigentlich sind sie eher ein Vermögenswert als eine Währung. Guthaben wird mittels Computercodes übertragen. Neben der bekanntesten Kryptowährung Bitcoin (2008 eingeführt) existieren zahlreiche weitere Digitalwährungen. Spektakuläre Kursgewinne sorgen für Aufsehen. Wer hier investiert, setzt auf Spekulation.

Doch Kryptos unterliegen hohen Risiken, ihre Wertschwankungen sind enorm. Sie werden von kriminellen Organisationen eingesetzt und stehen für die digitale Gefahr: Durch Betrug, Hacks, Verlust der Codewörter oder Broker-Pleiten ist bereits ein mehrfacher Milliardenschaden entstanden.

Immobilien oder Aktien? Das ist eine Schlüsselfrage für viele Investoren. Für all jene, die sich den Traum vom eigenen Haus verwirklichen wollen, ist es aber mehr als das. Es ist eine Frage des Lebensstils. Das Abbezahlen eines Immobilienkredits hat dabei einen günstigen Nebeneffekt: Man konsumiert weniger, da der Kredit abgestottert werden muss.

Für den Anleger zählt etwas anderes: Bringen Immobilien langfristig höhere Renditen als Aktien? Letztlich sind Immobilien eine interessante Anlageklasse, ihre Renditeerwartung, im Vergleich zu Aktien, ist aber niedriger. Es ist schwierig, sie schnell zu veräußern. Die Nebenkosten bei Kauf und Verkauf sind hoch.

Aus meiner Sicht ist es nicht notwendig, in Gold, Kryptos oder Immobilien zu investieren, weil ein weltweiter Aktien-ETF schon ein hervorragendes Investment darstellt. Argumente dazu finden Sie in Teil 2, wo wir diese Vermögenswerte genauer betrachten und einen Vergleich mit Aktien anstellen.

Wie steht es um nachhaltiges Investieren? Nachhaltige Kapitalanlage ist zu einem großen Thema geworden, auch die Renditedaten der letzten Jahre sind vielversprechend. Wer genau wissen will, wie er mit gutem Gewissen gute Gewinne macht, dem möchte ich Kapital 15 im Fortgeschrittenenteil ans Herz legen. Voraussetzung dafür ist, dass man den Nachhaltigkeitseinstufungen der Ratingagenturen vertraut.

Sparen ist wichtig, doch es ist nur der erste Schritt. Mit der Inflation sinkt die Kaufkraft Jahr für Jahr. Wenn wir unser Geld anlegen, möchten wir eine gute Rendite erreichen. Ein langfristiges Investment in Aktien ist förderlich, um eine Rendite zu erlangen, die die Kaufkraft vergrößert. Sichere Anlagen erreichen nur bescheidene Renditen.

3. WAS PASSIERT AN DER BÖRSE?

»Das gefährlichste Organ des Menschen ist der Kopf.«

Alfred Döblin

Weltweit gibt es über 50.000 Unternehmen, die an einer der ca. 60 Börsen in entwickelten Ländern gelistet sind, wobei nur etwa 10.000 Unternehmen als Investment in Frage kommen. Aktionäre stellen ihr Kapital zur Verfügung, um von Kursgewinnen zu profitieren. Zudem schütten viele Aktiengesellschaften (AGs) Gewinne in Form von Dividenden aus. Sie beteiligen damit die Aktionäre am Gewinn.

Nicht alle AGs machen Gewinne, sie können gänzlich scheitern oder der Aktienkurs kann sich trotz guter Daten schlecht entwickeln. Diese Risiken schrecken nicht wenige Menschen von der Anlage in Aktien ab.

Der Gang an die Börse (engl. IPO = initial public offering) ermöglicht es einer AG, Geld in Form von Eigenkapital einzusammeln. Im Gegenzug muss sich das an der Börse notierte Unternehmen strengen Richtlinien unterwerfen. Am ersten Handelstag werden die Anzahl der Aktien und der Ausgabekurs festgelegt. Der Verkaufserlös aus dem Börsengang steht dem Unternehmen dann als Eigenkapital zur Verfügung.

Wer eine Aktie kaufen will, erhält vom Broker, der Börsengeschäfte durchführen darf, einen Kursvorschlag. Diesen Vorschlag kann der Kunde annehmen und die Aktie kaufen. Sie wird dann in sein Depot eingebucht. Der Broker erhält für seine Dienstleistung eine Gebühr, auch die Börse, die den Handel ermöglicht, verrechnet Gebühren. Der Verkäufer der Aktie nimmt die Gegenposition ein.

Zukünftige Erwartungen sind an der Börse wichtig. Doch wir kennen die Zukunft nicht, wir kennen sie weder in der Wirtschaft noch im Leben. Wir beurteilen sie auf Basis vergangener Erfahrungen, meist aus der jüngeren Vergangenheit. So ist das auch bei Aktien. Obwohl der Finanzbranche etliche Prognosemodelle zur Verfügung stehen, können wir Voraussagen von schnellem Reichtum nicht trauen. Auf der anderen Seite sollten wir uns von negativen Nachrichten nicht verrückt machen lassen.

Börsenpsychologie

Neben Fakten spielt Psychologie an der Börse eine wichtige Rolle. Sehen wir uns ein Beispiel an. Die folgende Grafik könnte einen Marktindex, einen Aktienfonds oder eine einzelne Aktie betreffen.

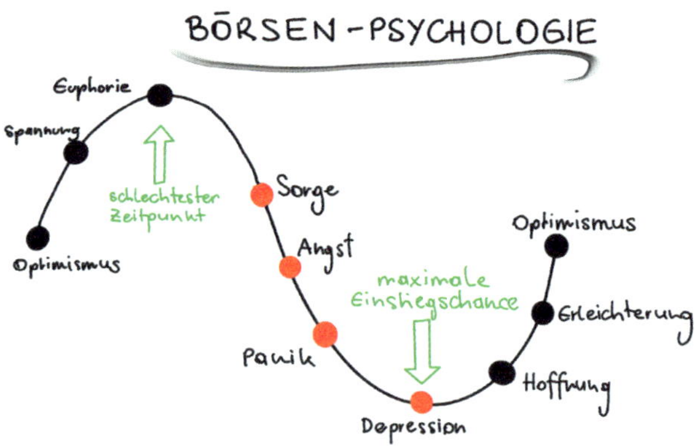

Wir gehen von einem motivierten Interessenten namens Herr Möchtegern aus, der noch nie in Aktien investiert hat, sich aber einen Einstieg überlegt. Bisher liegt sein Geld schmal verzinst auf einem Sparkonto. Er hat gelesen, dass Aktien hohe Renditen bringen. Nach einigen Recherchen im Internet verdichtet sich seine Vermutung.

Herr Möchtegern wählt also die Aktie der »ABC Solutions« aus. Natürlich will er sichergehen, bevor er zuschlägt und beobachtet die Kursentwicklung optimistisch. Die Aktie steigt, bei Herrn Möchtegern steigt die Spannung, der Einstieg rückt näher. Beim Grillabend unterhält sich Herr Möchtegern mit seinem Nachbarn Herr Zock, der schon länger in Aktien investiert. »ABC Solutions« hat er – wie der Zufall es will – auch in seinem Depot, 25 % Rendite habe er in einem Jahr damit gemacht. Respekt! Herr Zock stellt fest, dass die Märkte weiter aufwärts tendieren und dass alle, die nicht in Aktien investieren, es einfach nicht verstanden haben. Womöglich werden sie es nie verstehen.

Herr Möchtegern ist nun überzeugt, ruft am Montagmorgen bei seiner Hausbank an und bemüht sich, seine Euphorie unter Kontrolle zu halten. Noch ein paar Formulare unterzeichnen, und wenige Tage später strahlt der erste Wert im Depot: »ABC Solutions«. Kurz darauf verlautbart »ABC Solutions« in einer Pressemitteilung, dass die geplanten Umsatzziele wohl nicht erreicht werden, und wird mit einem Kursabschlag abgestraft. »ABC Solutions« muss eine erste Korrektur hinnehmen; Herr Möchtegern ist etwas besorgt. Auch die Börsenanalysten großer Investmenthäuser reagieren. Sie stufen die Aktie von Kaufen auf Halten oder Verkaufen herunter. Der Kurs leidet weiter und mit ihm Herr Möchtegern, der mittlerweile schon etwas ängstlich reagiert und nicht mehr ganz so überzeugt von Aktien ist. Herr Zock beruhigt ihn hingegen am Gartenzaun, das komme immer wieder vor, gehöre zur Börse wie der Sand zum Meer. Cool bleiben, das wird schon wieder.

Doch die Konjunkturdaten lassen zu wünschen übrig, Anleger scheinen verunsichert, jetzt legt auch der Markt eine Pause ein. Herr Möchtegern, der ohnehin nicht mit den besten Nerven gesegnet ist, zeigt erste panische Reaktionen. War das Ganze doch ein Fehler? Kann es überhaupt noch tiefer gehen? Ja, es kann. Während der Börsen-Kommentator im TV von Bodenbildung spricht, tun sich bei Herrn Möchtegern depressive Zustände auf. 35 % Minus sind genug. Nach einem Wochenende mit unfreiwilligem Schlafentzug durch Grübeln will Herr Möchtegern endlich wieder zu den Ausgeschlafenen gehören, ruft am Montagmorgen bei der Bank an und gibt den Auftrag zum Verkauf.

Trotz des Endes mit Schrecken und obwohl er nie wieder etwas mit Aktien zu tun haben möchte, beobachtet Herr Möchtegern die »ABC«-Kurse weiter. Und tatsächlich, der Kurs erholt sich, erst keimt Hoffnung, dann würde sich Erleichterung ausbreiten (wenn er die Aktie noch hätte) und schließlich gelingt es dem Wert tatsächlich, ehemalige Tiefstände vergessen zu machen. Nach einem Jahr ist die Aktie wieder dort, wo sie schon einmal war. Herr Möchtegern ist ratlos und unschlüssig, ob er es nochmals probieren soll. Nur eines steht fest: Das nächste Grillfest mit Herrn Zock liegt ihm jetzt schon im Magen.

Herr Möchtegern ist kein Einzelfall; dieses oder ein ähnliches Schicksal teilen viele Anleger. Mit einem Markteinbruch muss immer gerechnet werden. Aktien eignen sich deshalb nur für einen langfristigen Vermögensaufbau.

Vom Schicksal des Herrn Möchtegern möchte ich Sie mit diesem Buch abhalten. Wenn wir uns realistische Anlageziele setzen, Ausgeglichenheit und Ausdauer zeigen, wird uns das gelingen. Wir werden durch unser Hintergrundwissen zu erfolgreichen Investoren.

Mittelwert-Rückkehr

Man kann die Sache drehen und wenden, wie man will. Niemand kann sagen, wie sich Aktienkurse entwickeln. Sie bewegen sich zufällig in beide Richtungen. Wir wissen aber: Ein weltweiter Aktien-Mix erreicht eine jährliche Rendite von ca. 8 %. Kurse schwanken, aber sie kehren immer wieder zu einem Mittelwert zurück. Der englische Begriff für dieses Phänomen lautet »mean reversion«.

Ich zeige in meinem Seminar folgende Grafik:

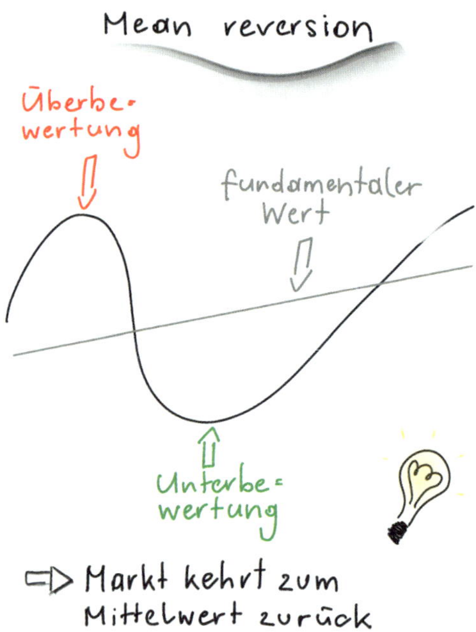

Interessant an der Mittelwert-Rückkehr ist, dass sie nicht auf Aktienkurse beschränkt ist, es geht ganz allgemein um Statistik, wie folgendes Beispiel zeigt:

Wenn eine Fußball-Mannschaft mit einem Marktwert von über 900 Millionen Euro gegen eine Mannschaft mit einem Marktwert von sechs Millionen Euro antritt, wird die Mannschaft mit den objektiv besseren Spielern in den meisten Fällen gewinnen. Allerdings kann auch ein Fußballteam mit einem Marktwert von sechs Millionen gut Fußball spielen, es hat eine geringe Chance, das favorisierte, mit Topstars gespickte Team zu besiegen. So geschehen am 1. November 2023, als der Drittligist FC Saarbrücken den deutschen Fußball-Serienmeister FC Bayern München im DFB-Pokal 2:1 geschlagen hat. Die Medien rätseln dann über die Gründe. Die Stars waren müde, zu wenig motiviert, der Trainer hat taktische Fehler gemacht, der Gegner wurde unterschätzt. Umgekehrt hat der Underdog aufgrund seiner enormen Moral, des Zusammenhalts im Verein, des tollen Verhältnisses zwischen Trainer und Mannschaft oder der mitreißenden Fans den Sieg heroisch errungen: ein Märchen! Die Statistik kennt aber keine Geschichten; es kommt wiederholt vor, dass Drittligisten Erstligisten aus dem Pokal werfen. Dazu benötigen sie an diesem Tag aber vor allem eines: viel Glück. In einem Jahr wird es im DFB-Pokal so gut wie keine Überraschungen geben, in einem anderen gleich mehrere. Dazu gibt es eine nüchterne Statistik und einen Mittelwert über viele Jahre, der festhält, wie oft das passiert ist. Es wird Ausreißer-Jahre geben, doch es wird sich langfristig eine durchschnittliche Überraschungsquote ergeben, zu der die Werte zurückkehren. Das ist Regression zum Mittelwert. Glauben Sie also nicht länger, dass der DFB-Pokal seine eigenen Gesetze hat, wie die Presse gerne schreibt.

Man kann langfristige durchschnittliche Marktrenditen abbilden, sie sind ein wichtiger Anhaltspunkt für Anleger. In einem Jahr steigen die Kurse um 25 %, im nächsten fallen sie vielleicht um 15 %. Wirklich wichtig ist aber nur eines: die langfristige Rendite von 8 %. Die Grafik zeigt: Mal geht es stark hinauf, mal stark hinunter. Entscheidend ist, dass der langfristige Trend aufwärts zeigt.

Etwas ausführlicher werde ich in Teil 2 auf dieses Phänomen eingehen.

Wie riskant sind Aktien?

Eine häufige Aussage lautet: Aktien sind mir viel zu riskant! Doch ein langfristiger Aktien-Anleger muss sich vor Risiken nicht fürchten. Weltweit gestreute Aktien-ETFs verbinden gute Rendite und niedrige Kosten.

Die meisten Risiken betreffen entweder die Aufteilung der Vermögensanlagen oder die zeitliche Dauer, während der man investiert. Dies spricht schon Bände über den Nutzen von Streuung bei Vermögenswerten, der Fachbegriff lautet Diversifikation.

Das Ausfallsrisiko, z. B. der Konkurs einer Bank, kann uns nichts anhaben. Aktienfonds und ETFs bieten als Sondervermögen umfassenden gesetzlichen Schutz. Sondervermögen muss vom Vermögen der Kapitalanlagegesellschaft getrennt gehalten werden. Es wird bei einer unabhängigen Depotbank verwahrt. Im Falle einer Insolvenz ist der Anleger dadurch vollständig abgesichert.

Wir werden uns in den nächsten Kapiteln unserer Investmentstrategie annähern, um sie dann in die Tat umzusetzen. Wir verspüren danach keine Lust mehr, den Markt zu schlagen, denn er ist ein guter Freund, mit dem wir gemeinsam spielen, statt gegen ihn anzutreten. Als unser zweiter Freund bei der Aktienanlage wird sich die Zeit erweisen. Wer gute Freunde hat, kann einem Risiko entspannt entgegentreten. Wir müssen aber vor dem Investment in Aktien unsere eigene Risikotragfähigkeit hinterfragen und danach unsere Vermögenswerte ausrichten.

Der zweite Teil dieses Buches bietet einen detaillierten Blick auf das Thema »Risiko«.

Mit Aktien kann man sich an tausenden Unternehmen beteiligen. Die Überraschungen, die die Börse bereithält, sind nichts Neues. Wer das ständige Pendeln der Kurse versteht und sein Portfolio breit streut, verfügt über einen Schatz an Möglichkeiten. Wer darüber hinaus gut vorbereitet und psychisch gefestigt ist, dem steht die Investmentwelt weit offen.

4. AKTIV ODER PASSIV – MÄRCHENSTUNDE UND AUFKLÄRUNGSUNTERRICHT

»Professionelle Anleger inklusive Fondsmanager lassen ein elementares Zeichen für Kompetenz vermissen: anhaltenden Erfolg.«

Daniel Kahneman

Eine Studie aus dem Jahr 2021, die das Finanzministerium in Auftrag gegeben hat, hat festgestellt: Nur 9 % der Österreicher investieren in Aktien und Wertpapiere. Das ist bedauerlich. Der Großteil der Bevölkerung investiert überhaupt nicht in Aktien, die Minderheit, die es tut, legt vorwiegend in aktive Fondsprodukte an, meist bei der Bank ihres Vertrauens.

Die Hausbank verkauft am liebsten bankeigene Produkte bzw. Fonds des Mutterhauses oder von Partnern, die Investmentfonds anbieten. Dahinter steckt ein provisionsbasiertes System, Banken und Fondsanbieter teilen sich den Kuchen. Hinter dem Kauf eines Aktienfonds steckt die Absicht, nicht alle Eier in einen Korb zu legen, wie gerne gesagt wird. Das Risiko, nur in Einzelaktien zu investieren, soll damit gesenkt werden.

Fondsmanager versuchen aktiv den Markt zu schlagen, d. h. optimales Handeln von Aktien soll bessere Ergebnisse als der Marktdurchschnitt bringen. Sie wollen die besten Aktien auswählen und zum richtigen Zeitpunkt kaufen bzw. verkaufen. Ihr Versprechen lautet: Wir schlagen den Markt!

Es wäre schön, wenn man einen Goldesel hätte. Dazu müssen wir uns erst anschauen, ob das Versprechen »Wir schlagen den Markt« auch verwirklicht wird. Sonst ist zuletzt der Kunde der (Gold)esel der Bank.

Für jeden Markt gibt es dazu den passenden Vergleichswert, den Aktienindex. An diesem kann man die Performance des Fonds ablesen, das ist ein einfacher und transparenter Vergleich.

Das Gegenprodukt zu aktiven Aktienfonds sind Aktien-ETFs. Sie bilden einen Index nach. Wer einen Aktien-ETF besitzt, erhält als Rendite den Durchschnitt, den der Markt hergibt. Das ist das passive Investieren. Aktiv zu sein klingt cooler, als passiv herumzuhängen, da sind wir uns einig. Und warum soll man sich mit dem Durchschnitt zufriedengeben?

Wir fokussieren uns beim Vergleich auf Aktienfonds, die als offene Fonds konzipiert sind. Wie schon der Name sagt, stehen sie jedermann offen. In Österreich kann man über 3.000 aktive Aktienfonds erstehen. Gekauft wird ein Investmentfonds von der Fondsgesellschaft, er wird nicht an der Börse gehandelt. Der Handel eines ETFs geschieht über die Börse.

Wie gut sind aktive Aktienfonds?

Wie können wir herausfinden, ob aktive Fonds ihr Versprechen halten? Gut, dass es wissenschaftliche Fakten gibt. Die Ratingagentur S&P Global vergleicht seit 2002 in einer Untersuchung namens SPIVA aktiv gemanagte Investmentfonds aus Europa mit dem jeweiligen Index. Hier ist das Ergebnis:

Nach zehn Jahren schneiden von den europäischen aktiven Aktienfonds

... 97,8 % schlechter als der Index S&P 1200 (global) ab.
... 98,4 % schlechter als der Index S&P 500 (USA) ab.
... 92,3 % schlechter als der Index S&P 350 (Europa) ab.

In der Grafik sieht das so aus: **Europäische Aktienfonds, die Vergleichsindex nicht schlagen**

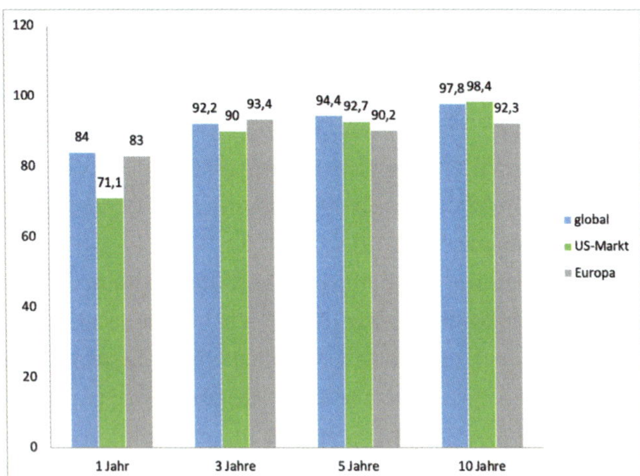

Daten: S&P Dow Jones SPIVA Europe Scorecard Year-End 2023

Wer die Grafik, die die weltweiten Industrieländer, den US-amerikanischen und den europäischen Aktienmarkt betrifft, zum ersten Mal sieht, traut seinen Augen nicht. Schon im ersten Jahr gelingt es den großartigen Fondsmanagern nicht, besser als der Marktindex abzuschneiden. Hinzu kommt, dass sich mit Verstreichen der Zeit die Ergebnisse weiter verschlechtern.

Man müsste meinen, dass es eine 50-Prozent-Chance gibt, besser zu sein als der Index. Da dies weit gefehlt ist, kann man nun versuchen, die herausragenden Fonds ausfindig zu machen. Doch die Statistik macht auch das Märchen der goldenen Fonds zunichte.

In einer anderen Untersuchung, der Europe Persistence Scorecard, stellt S&P Global fest, dass der winzige Teil der Fonds, die den Markt schlagen, von Jahr zu Jahr wechselt. Bei den Gewinner-Fonds gibt es kaum Konstanz. Es ist unmöglich, die Top-Fonds herauszufiltern.

Warum schneiden aktive Fonds so schlecht ab?

Sind hohe Kosten für das schlechte Ergebnis verantwortlich? Das können wir leicht überprüfen, im Seminar verwende ich dazu folgendes Flipchart-Blatt:

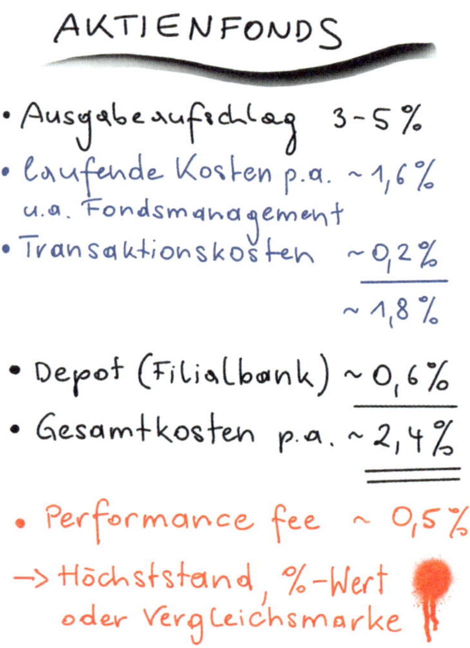

Es zeigt die durchschnittlichen Kosten, die für einen bei der Bank gekauften Aktienfonds anfallen. Gehen wir die Fondsgebühren der Reihe nach durch. Jährliche Kosten werden mit p. a. (per annum) abgekürzt.

Kostenpositionen aktiver Fonds

1. **laufende Kosten (auch TER: Total Expense Ratio):** Hierbei handelt es sich um die laufenden Kosten, die in den Fondsprospekten veröffentlicht werden. Sie enthalten Gebühren für das Fonds-Management sowie Verwaltungs- und Marketingkosten. Die österreichische Finanzmarktaufsicht (FMA) hat für einen Aktienfonds einen Durchschnittswert von 1,6 % ermittelt.

2. **Transaktionskosten:** Sie entstehen durch Umschichtungen im Depot (aktives Handeln von Aktien). Je umtriebiger ein Fonds handelt, desto höher sind die Transaktionskosten. Die FMA hat 0,2 % festgestellt.

3. **Performance-Gebühren:** Einige Fonds verlangen Performance-Gebühren und argumentieren, dass diese nur dann anfallen, wenn sich der Fonds außerordentlich gut entwickelt, sozusagen eine Prämie für Höchstleistungen.

Dabei legen die Fonds selbst fest, wie sie die Ergebnisse messen. Performance-Gebühren können bei einem neuen Höchststand des Fonds (»high watermark«), bei Überschreiten eines Prozentwerts (»hurdle rate«) oder wenn eine Vergleichsmarke (»Benchmark«) übertroffen wird, anfallen. Eine Untersuchung der London Business School stellte fest, dass Fonds mit Performance-Gebühren jährlich um 0,5 % schlechter abschneiden als solche ohne diesen Zuschlag. Es sind Zusatzgebühren, die nichts mit Qualität zu tun haben.

4. **Ausgabeaufschlag:** Der Ausgabeaufschlag ist ein einmaliger Aufschlag beim Kauf des Fonds, der in den meisten Fällen 3 bis 5 % beträgt und an den Vermittler (Bank oder Finanzmakler) geht.

5. Depotgebühren der Bank: Depotgebühren sind kein Fonds-Bestandteil, aber dennoch Fixkosten für den Bankkunden. Für ausländische Aktienfonds liegen sie 2024 in Österreich bei ca. 0,6 % pro Jahr bei einer Filialbank.

Wirklich interessant wird es, wenn wir diese Kosten einem anderen Produkt gegenüberstellen, einem weltweiten Aktien-ETF, der bei einem Online-Broker angeschafft wird. Hier sind die Kaufkosten und die jährlichen Kosten weit niedriger, Depotgebühren fallen nicht an. Die Ratingagentur »Morningstar« hat 1,9 % an jährlichen Kosten bei reinen Aktienfonds festgestellt.

Die Ausgangssituation lautet wie folgt:

1: Anschaffung eines aktiven Aktienfonds bei der Bank, einmaliger Ausgabeaufschlag 5 %, Produktkosten inkl. Depotgebühren 2,5 % (1,9 + 0,6 %) p. a.

2: Anschaffung eines ETFs bei einem Online-Broker, kein Ausgabeaufschlag, Kaufspesen 0,1 %, keine Depotgebühren, Produktkosten 0,2 % p. a.

Die Anlagesumme beträgt jeweils 10.000 Euro. Die Rendite ist identisch, vor Kosten 8 % p. a.

Wenn ich vor meinen Seminarteilnehmern stehe, präsentiere ich gerne die folgende Tabelle am Flipchart; sie sorgt regelmäßig für Staunen. Eine häufige Frage lautet: »Bist du dir sicher, dass du dich nicht verrechnet hast?«

Wertentwicklung Aktienfonds bzw. ETF

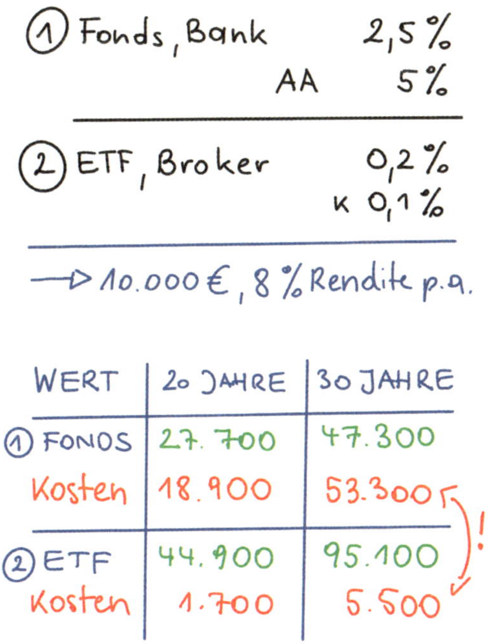

Trotz gleicher Rendite von 8 %, was eine sehr faire Annahme gegenüber dem aktiven Fonds ist, zeigt sich im Beispiel, was höhere Kosten bewirken. Man ist geneigt zu denken: Es geht doch nur um 2,3 % Unterschied, doch sie übersteigen die Kosten des ETFs um das Zehnfache. Die Macht des Zinseszinses zeigt sich im Zeitverlauf, wo sich die Renditedifferenz immer stärker auswirkt. In folgender Grafik lässt sich der Zinseszins-Effekt gut erkennen.

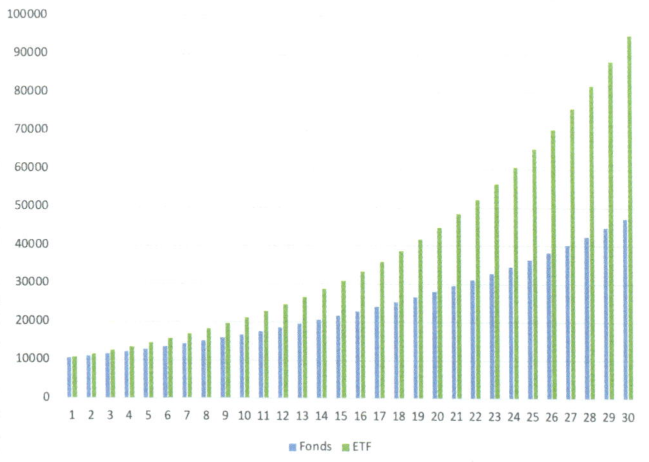

Renditen aktiver und passiver Fonds

Die SPIVA-Europe-Untersuchung 2023 hat noch einen aufschlussreichen Wert zu bieten. Der durchschnittliche weltweit anlegende Aktienfonds hat um 4 % schlechter als der Index abgeschnitten: 7,5 % Aktienfonds, 11,5 % Index.

Rendite

① AKTIENFONDS 7,5 %
② INDEX 11,5 %

→ 10.000 €

WERT	10 JAHRE	20 JAHRE
① FONDS	20.600	42.500
② INDEX	29.700	88.200
DIFFERENZ	9.100	45.700

Diese Renditedifferenz hat eine gewaltige Auswirkung auf Ihr Depot und zwei Gründe. Der erste Grund sind höhere Produkt- und Handelskosten, der zweite, dass gut ausgebildete Finanzfachleute trotz ihrer Kenntnisse den Markt nicht schlagen können. Besonders bitter für Privatanleger: Den meisten fällt gar nicht auf, wie viel Geld sie liegen lassen, denn eine Rendite von 7,5 % pro Jahr klingt nicht übel. Die Grafik zeigt es. Nach zehn Jahren werden aus 10.000 Euro bei 7,5 % Rendite gut 20.000 Euro, bei 11,5 % Rendite wären es aber knapp 30.000 Euro geworden. Nach 20 Jahren brechen die Dämme regelrecht.

Merkmale des aktiven und passiven Investierens

Fassen wir grundlegende Unterschiede zwischen aktivem und passivem Investieren kurz zusammen.

Tabelle 3: Aktives und passives Investieren

	aktives Investieren	passives Investieren
Ziel	Marktrendite übertreffen	Marktrendite erreichen
Grundlage	Prognosen, Spekulation	wissenschaftliche Belege
Strategie	richtige Auswahl und richtiger Zeitpunkt	breite Diversifikation, langes Halten
Ergebnis	Ziel wird selten erreicht	Ziel wird erreicht
Beziehung zum Markt	Markt als Gegner	Markt als Mitspieler
Aufwand	hoch, v. a. bei Einzelaktien	minimal bis gering
Kosten	1 bis 5 % p. a.	0,2 bis 1 % p. a.

Mit diesem Überblick ist viel gesagt. Sparpläne sind bei aktivem und passivem Investieren möglich. Die Bandbreite der Kostenschätzung beim passiven Investieren ergibt sich dadurch, dass weltweit gestreute Fonds verwendet werden können, die um 0,2 % p. a. zu bekommen sind, aber es auch teurere Alternativen gibt. Zudem sind die Depotkosten des Anlegers relevant, die bei einer Filialbank höher sind als bei einem Online-Broker oder einer Direktbank.

Wer selbst Einzelaktien auswählen will, muss mit einem größeren Aufwand rechnen. Es macht aber keinen Sinn, die Nadel im Heuhaufen zu suchen, wenn man den Heuhaufen kostengünstig kaufen kann.

Das Problem: Interessenskonflikte

Haben Sie sich schon einmal gefragt, warum Sie einem Steuerberater oder Anwalt ein Honorar bezahlen, einem Bankmitarbeiter, Versicherungsvertreter oder Finanzmakler aber nicht? Das liegt daran, dass die Beratung Verkaufscharakter hat. Das Gespräch zielt darauf ab, einen Abschluss zu erreichen, ein Finanzprodukt zu verkaufen. Dann wird eine Provision fällig.

Es ist nicht verwerflich, dem Kunden ein Produkt verkaufen zu wollen. Das ist das Wesen einer funktionierenden Wirtschaft. Doch hier gilt: Je höher die Produktkosten sind, desto schlechter ist die Rendite der Kunden. Das ist ein Interessenskonflikt, denn wir wollen ja unser Geld bestmöglich vermehren. Es geht um Unsummen, die der Kunde im Vergleich zu einer kostenschonenden Anlage unnötigerweise langfristig verliert. Provisions-Modelle führen fast zwingend zur Fehlberatung.

Das Gute ist: Niemand muss diese Produkte kaufen, denn es gibt bessere Alternativen, die jedem offen stehen. Das folgende Kapitel über ETFs wird uns eine Möglichkeit näherbringen.

Würden sie unsere Gewinne nicht schmälern, müsste man fast Mitleid mit aktiven Aktienfonds haben, die gegen Aktien-ETFs chancenlos sind. Hohe Kosten und ein Provisionssystem haben Privatanleger lange genug von guten Renditen abgehalten. ETFs bilden eine hervorragende Alternative.

5. ETFS – EINFACH GELD VERMEHREN

»Die große Mehrheit der Investmentfonds knöpfen Anlegern enorme Summen für eine schockierende Minderleistung ab.«

David Swensen

Geringe Kosten und eine gute Performance, genau so soll unser Investment sein. US-Aktien haben in den letzten 70 Jahren eine jährliche Durchschnittsrendite von über 10 % in Dollar abgeworfen, hätten Sie weltweit angelegt, hätten Sie eine Rendite von über 8 % erreicht.

ETFs werden im Gegensatz zu Aktienfonds an der Börse gehandelt, die Kursentwicklung kann laufend beobachtet werden. In Europa begann die ETF-Erfolgsgeschichte im Jahr 2000, in den USA startete der erste börsengehandelte Indexfonds 1993. Ihre Bedeutung für Anleger ist enorm. Gäbe es dieses Produkt noch nicht, müsste man es erfinden.

Grundlegende Informationen über ETFs

Bei Aktien macht die Summe aus Kursgewinnen und Dividenden den Gesamtertrag aus. Für Dividendenaktien in einem ETF gilt, dass Dividendenerlöse entweder im Vermögen des ETFs verbleiben (thesaurierend) oder in regelmäßigen Abständen an den Anleger gehen (ausschüttend). Je nachdem sind sie thesaurierende oder ausschüttende ETFs.

Beispiel eines Aktien ETFs
Vanguard FTSE All-World UCITS ETF ACC
ISIN IE00BK5BQT80
(=internationale Kennnummer für Wertpapiere)

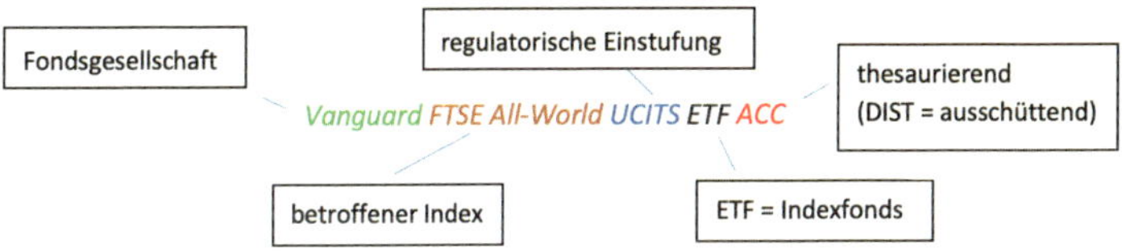

Die lange Bezeichnung eines frei gewählten ETFs können wir leicht entwirren.

- Vanguard ist die Fondsgesellschaft, die das Produkt aufgelegt hat.
- FTSE All-World ist der betroffene Index, ein weltweit gestreuter globaler Aktienindex.
- UCITS ist die EU-Richtlinie zur Regulierung.
- ETF bedeutet, dass es sich um einen börsengehandelten Indexfonds handelt.
- ACC steht für einen thesaurierenden (im Gegensatz zu einem ausschüttenden) ETF.

Tabelle 4: Anbieter von ETFs in Europa

ETF-Titel	Anbieter, Stammsitz
iShares	BlackRock, USA
Vanguard	Vanguard, USA
SPDR	State Street Global Advisors, USA
Invesco	Invesco, USA
JP Morgan	JP Morgan, USA
Amundi	Amundi, Frankreich
BNP Paribas	BNP Paribas, Frankreich
Xtrackers	DWS/Deutsche Bank, Deutschland
UBS	UBS, Schweiz

Einen ETF erkennen Sie an seiner Bezeichnung. Die Produkte der größten Anbieter sind nicht automatisch besser, einen guten Anhaltspunkt geben die laufenden jährlichen Kosten.

Das Wertpapierdepot

Wer noch über kein Wertpapierdepot verfügt, hat vor der Anschaffung des ersten ETFs die freie Wahl. Er kann sich für ein Depot bei einer Online-Bank oder einer Filialbank entscheiden.

Einen Kosten- und Konditionenvergleich bieten mehrere professionelle Websites an. Diese empfehlenswerten Finanzportale befassen sich intensiv mit ETFs und stellen kostenlose Youtube-Videos zu Finanzthemen zur Verfügung:

www.broker-test.at (Österreich)
www.extraetf.com (Deutschland)
www.finanzfluss.de (Deutschland)
www.finanztip.de (Deutschland)
www.justetf.com (Deutschland)

Es gibt Online-Broker, die kostenlose Depotführung anbieten (z.B. Flatex); günstiger geht es nicht. Für ETFs liegen sie in Österreich derzeit bei ca. 0,6 bis 0,7 % p.a. bei einer Filialbank, während sie bei Direktbanken deutlich günstiger, nämlich bei 0,1 bis 0,3 % p.a., sind.

Beim Aktien- und ETF-Kauf verlangen die Regionalbanken derzeit ca. 1,1 % an Kaufspesen, auf Nachfrage kommen sie den Kunden oft entgegen und reduzieren die Gebühren. Kunden, die für das Wertpapierdepot eine Filialbank wählen wollen, sollten also auf bessere Konditionen pochen. Bei Online-Brokern ist Traden ab ca. 0,1 % möglich.

Wählt man einen Online-Broker oder eine Online-Bank, sollte unbedingt darauf geachtet werden, dass es sich um einen steuereinfachen Broker handelt. Das ist der Fall, wenn sich der Bankensitz oder eine Niederlassung in Österreich befinden. Damit übernimmt der Broker die korrekte Versteuerung im Namen des Kunden, indem die fälligen Abgaben an das Finanzamt abgeführt werden.

Einmalinvestment und Sparplan

Bei meinen Finanzseminaren beobachte ich zwei Präferenzen. Es gibt Teilnehmer, die auf Sparpläne setzen wollen und es gibt Teilnehmer, die sagen: »Ein Sparplan ist nichts für mich.« Letztere haben meist Kapitalreserven und wollen die Angelegenheit zügig in die Tat umsetzen.

Statistisch ist klar, dass das Einmalinvestment langfristig eine höhere Renditeerwartung hat als ein Sparplan-Modell, weil Aktien langfristig an Wert gewinnen. Wenn wir vereinfacht rechnen und von 8 % Jahresrendite und 250 Handelstagen im Jahr ausgehen, steigen die globalen Aktienmärkte um durchschnittlich 0,032 % pro Tag.

Die Alternative zu einem Einmalinvestment ist ein ETF-Sparplan, also regelmäßiges Ansparen. Die Entscheidung ob Sparplan oder Einmalinvestment ist nur für Anleger relevant, die gerade viel Geld zur Verfügung haben. Sehr viele Menschen, besonders jüngere, haben keine großen Summen, die sie investieren können: Für diejenigen ist ein Sparplan die beste Lösung.

Sparpläne haben einige nennenswerte Vorteile:

- Automatisiertes Sparen wirkt gegen die menschliche Schwäche, etwas zu vergessen.
- Regelmäßiges Ansparen lässt das Vermögen langfristig stark anwachsen (Zinseszins-Vorteil).
- Ein Sparplan bewahrt davor, das Geld anderweitig auszugeben.

Aus Kostensicht besonders geeignet sind Sparpläne bei überschaubarem Budget, wenn auf einen weltweiten ETF gesetzt wird. Bei Sparplänen mit Fixkosten können damit Einmalkosten minimiert werden, da auf einen (statt auf mehrere) ETF gesetzt wird.

Beispiel: ETFs an der Börse handeln

Ich möchte allen Einsteigern kurz demonstrieren, wie sich die ersten Schritte gestalten, wenn man einen ETF über einen Online-Broker kaufen möchte. Ich wähle dazu den Online-Broker Flatex, der sehr günstige Konditionen bietet und über einen Standort in Österreich verfügt. Natürlich erhalte ich keine Provision von Flatex.

Der Börsenhandel verläuft in Deutschland und Österreich über Xetra, das elektronische Handelssystem der Deutschen Börse. Der Handel ist von 9 bis 17:30 Uhr möglich. Hier können über 2.000 verschiedene ETFs geordert werden. Kleinere elektronische Börsen wie Tradegate bieten eine Handelsmöglichkeit von 8 bis 22 Uhr.

Bei Kauf bzw. Verkauf des ETFs gibt es zwei Möglichkeiten:

- Market Order (unlimitiert): Hier wird der Auftrag zum nächsten ausführbaren Kurs abgeschlossen.
- Limit Order: Hier wird der Auftrag mittels einer Preisgrenze ausgeführt, die der Anleger setzt (Mindestpreis beim Verkauf bzw. Höchstpreis beim Kauf).

Bei ETFs auf die bekanntesten Indizes macht man nichts falsch, wenn man eine Market Order setzt. Wer sichergehen will, kann das Zeitfenster zwischen 15:30 und 17:30 Uhr wählen, wenn die europäischen und die US-Börsen geöffnet sind. Dann ist die Liquidität meist am höchsten.

Auf Flatex.at kann man sich registrieren, über eine Video-Legitimation wird die Identität überprüft.

1. Die Online-Depoteröffnung

- Geben Sie Ihre persönlichen Daten in der Eingabemaske für die Depoteröffnung an. Nachdem Sie den Depotantrag ausgefüllt haben, werden Sie zur Identitätsprüfung weitergeleitet.
- Sie können sich per **Video-Legitimation** täglich von 08:00 Uhr bis 22:00 Uhr ganz bequem legitimieren.

Weitere Informationen zur Legitimation

Depot eröffnen

Risiko: Investitionen in Wertpapiere bergen Verlustrisiken.

Im nächsten Schritt überweisen Sie Geld auf Ihr Flatex-Guthabenkonto.

2. Echtzeit-Überweisung: Geld einzahlen und sofort handeln

- Nach Erhalt Ihrer Kontodaten können Sie die gewünschte Summe auf Ihr flatex Guthabenkonto überweisen.
- So zahlen Sie in Echtzeit Geld auf Ihr Cash-Konto ein: Loggen Sie sich ins Online-Banking Ihrer Hausbank ein und klicken Sie auf **"Überweisung"**.
- Geben Sie die IBAN Ihres Cashkontos bei flatex ein und überweisen Sie in Echtzeit. Bitte beachten Sie, dass Gebühren Ihrer Bank entstehen können

Alle Details auf einen Blick:

- ✓ Überweisung auf Ihr Cash-Konto innerhalb von 10 Sekunden
- ✓ Bis zu 100.000 Euro pro Überweisung
- ✓ Jeden Tag rund um die Uhr verfügbar

Dann kann es bereits losgehen.

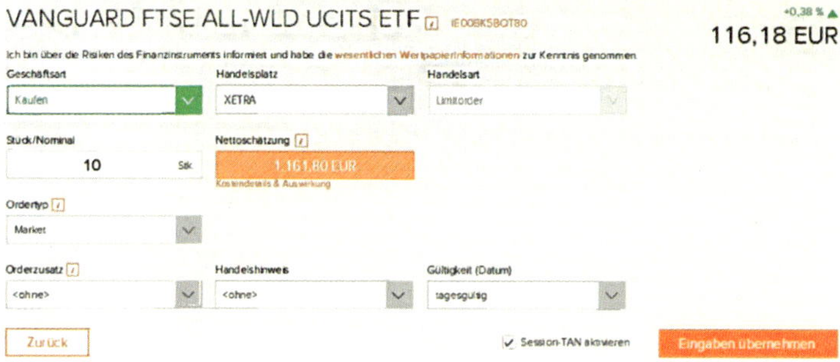

In diesem Fall werden 10 Stück des weltweiten ETFs »Vanguard FTSE All World« angeschafft. Beim Ordertyp sehen Sie Market (also ohne Limit), als Handelsplatz ist Xetra gewählt. Die Order ist tagesgültig (gilt nur für diesen Tag). Die Gesamtkosten des Auftrags werden angezeigt.

Im nächsten Schritt können Sie diese Angaben bestätigen und der ETF wird gekauft. Kurz darauf wird er in Ihrem Depot eingebucht und Sie erhalten eine Abrechnung, in der auch die Spesen ausgewiesen sind. Der Kauf einer Einzelaktie geht genauso vor sich.

ETFs haben die Kapitalanlagemöglichkeiten revolutioniert und sind seit 2000 in Europa präsent. Bei einer globalen Streuung sind Aktien-ETFs das optimale Produkt aus hoher Liquidität und niedrigen Kosten. Wer auch die Depotkosten minimieren möchte, hat die Option einer Online-Bank oder eines Online-Brokers.

6. ANLAGEPRODUKTE, DIE MAN MEIDEN SOLLTE

»Kein Geld ist vorteilhafter angewandt als das, um welches wir uns haben prellen lassen: denn wir haben dafür unmittelbar Klugheit eingehandelt.«

Arthur Schopenhauer

Konsumentenschützer haben keinen leichten Job. Mit wenig Mitteln treten sie gegen die milliardenschwere Finanzbranche an. Der ungleiche Kampf wird durch komplizierte Produkte erschwert. Hinzu kommen Gefahren für Anleger im Internet, das ein guter Informationskanal sein kann, aber auch gerne für Finanzbetrug und fragwürdige Investments genutzt wird.

Die folgenden Seiten bieten einen Abriss über wenig empfehlenswerte Finanzprodukte.

Kapitalbildende Lebensversicherungen (KLVs)

Sie umfassen fondsgebundene Lebensversicherungen (Veranlagung in aktive Aktienfonds) und klassische Lebensversicherungen (Veranlagung in Anleihen). Bei diesen Er- und Ablebensversicherungen wird das aufgebaute Kapital zu einem vereinbarten Zeitpunkt (bzw. beim vorzeitigen Todesfall) ausbezahlt.

Etwa jede zweite Lebensversicherung wird in Deutschland und Österreich gekündigt. Die Kündigungswelle ist wohl die Folge des Versicherungsmantels, der um den bereits gebührenstarken Fonds gelegt wird. Die hohen, zum Teil intransparenten Kosten machen das Produkt noch teurer. Versicherungen schleusen sogar ein weiteres Risiko ein. Denn Lebensversicherungen sind kein Sondervermögen und es besteht meist nur ein unzureichender Schutz vor der Insolvenz einer Versicherung.

Da häufig die gesamten Gebühren in den ersten fünf Jahren anfallen, steht derjenige, der die KLV kündigen will, dumm da. Er hat viel gezahlt und bekommt wenig zurück. Eine Alternative kann die Prämienfreistellung sein, um nicht noch mehr Geld in eine renditeschwache Anlage zu stecken.

Die Kapitalgarantien in den Verträgen sind ihren Namen nicht wert. Der Verein für Konsumenteninformation (VKI) vertrat einen Versicherungsnehmer vor Gericht, der nach 10 Jahren nur 82 % seines »garantierten« Kapitals zurückerhalten sollte. Die Versicherung interpretierte die Garantie so: Einzahlung minus Versicherungssteuer, Kosten, Gebühren und Risikobeitrag. Das Handelsgericht sprach dem Versicherungsnehmer den gesamten Betrag zu.

Kurz gesagt, ist zur Absicherung der eigenen Familie eine Risiko-Lebensversicherung deutlich günstiger. Als Anlageprodukt ist ein weltweiter ETF weit überlegen. KLVs sind kostenintensiv, intransparent und durch lange Bindungen unflexibel.

Rentenversicherungen

Bei klassischen Rentenversicherungen erhält der Versicherte eine lebenslange, monatlich gleichbleibende Rente. Bei der fondsgebundenen Form ist die Rente in ihrer Höhe nicht fixiert. Sie hängt von der Entwicklung der Anlage ab und kann höher oder niedriger ausfallen.

Fondsgebundene Rentenversicherungen haben dieselben Schwachstellen wie KLVs mit einmaliger Kapitalausschüttung – hier gibt es eben monatlich bescheidene Renditen bzw. Auszahlungen, das Ergebnis bleibt traurig. Daran können auch Dynamisierungsangebote nichts ändern. Dort wird mit einer niedrigeren Rentenhöhe gestartet, die sich »dynamisch« erhöht und damit einen teilweisen Inflationsschutz bieten soll. In der Praxis ist dieses Modell ein marginaler Inflationsschutz, der mit einer niedrigen Einstiegsrente erkauft wird.

Eine ebenso bittere Pille ist die klassische Rentenversicherung auf Anleihen-Basis. Moderate Anlagechancen in Kombination mit zu hohen Kosten führen fast immer zu einer enttäuschenden Zusatzpension.

Offene Immobilienfonds

Offene Immobilienfonds zählen in Österreich zu den »alternativen Investmentfonds«. Grundlage hierfür ist das Immobilien-Investmentfondsgesetz.

Diese Fonds setzen auf Objekte im Wohn- und Infrastrukturbereich und Büro- und Gewerbeflächen in heimischen Städten. In den Prospekten von offenen Immobilienfonds lesen Sie Sätze wie: »Immobilien sind ein wesentlicher Bestandteil in jedem gut strukturierten Portfolio.«

Weder die hohe Inflation von 2022 bis 2023 noch die Preissteigerungen bei Kaufimmobilien in den Jahren davor hatten positive Einflüsse auf offene Immobilienfonds. Ihre Renditen pendelten zwischen 2 und 3 % p. a. Die Risiken der betroffenen Gebäude sind für den Privatanleger undurchschaubar.

Die Liquidität ist ein großes Problem offener Immobilienfonds. In Österreich beträgt die Mindesthaltedauer seit 2022 zwölf Monate, auch eine Rückgabe muss ein Jahr vorher gemeldet werden. Kommt es zu negativen Entwicklungen am Immobilienmarkt, drohen sogar mehrjährige Rücknahmesperren. Ein Horror für jeden, der seine Anlage schnell veräußern will.

Geschlossene Fonds

Als Hochrisikoprodukt haben geschlossene Fonds die Nennung in dieser Rubrik redlich verdient. Sie zählen zu den alternativen Investmentfonds und investieren in Sachwerte, z. B. Immobilien, Schiffscontainer oder Flugzeuge. Sind alle Anteile verkauft, wird der Fonds geschlossen. Das Anlegerkapital bleibt über eine Zeitspanne im Fonds. Während dieser Zeit versucht der geschlossene Fonds erfolgreich zu sein, um z. B. seine Anlagen gewinnbringend zu verkaufen. Am Ende erhält der Anleger den neuen Gegenwert seiner Anteile.

Schon das Konzept ist zum Davonlaufen: Man kann jahrelang nicht auf sein Kapital zugreifen, zur Belohnung gibt es kaum Streuung sowie das Risiko des Totalverlusts. Das Sahnehäubchen: Im schlimmsten Fall kann es im Rahmen der Fonds-Insolvenz zur Rückforderung bereits ausbezahlter Ausschüttungen kommen.

Wenig überraschend stellt das Bundesministerium für Konsumentschutz auf seiner Website klar, dass geschlossene Fonds für die Altersvorsorge »ungeeignet« sind.

Bausparverträge

Beim Bausparvertrag handelt es sich um eine Mischung aus Geldanlage und Darlehen. Beworben wird dieses Produkt mit folgenden Vorteilen: eine staatliche Prämie von maximal 18 Euro jährlich auf den Sparteil; ein zinsgünstiges Darlehen (Bausparkredit) nach z. B. sechs Jahren, falls benötigt.

Selbst die Lockzinsen im ersten Vertragsjahr von 2,5 % waren Anfang 2025 überschaubar, über die gesamte Dauer sind es im Durchschnitt ca. 1,6 % p. a. (und damit weniger als bei einjährigem Festgeld). Nicht viel besser sieht es mit Darlehenszinsen aus, der Maximalzinssatz liegt bei 6 % und damit deutlich höher als der Marktzins. Die staatliche Jahresprämie von 18 Euro bewegt sich auf minimalem Niveau.

Noch unattraktiver macht den Bausparvertrag ein Papierkrieg, um die widmungsgemäße Verwendung der Mittel zu belegen. Im 19. Jahrhundert noch innovativ, sind Bausparverträge im 21. Jahrhundert ein unnötig kompliziertes Relikt aus vergangener Zeit. Es ist so gut wie immer sinnvoller, direkt zu sparen bzw. das Immobiliendarlehen in Anspruch zu nehmen, wenn es tatsächlich benötigt wird.

Derivate (Zertifikate)

Derivate beziehen sich auf einen Basiswert, also die Anlage, an die das Produkt angelehnt ist, z. B. Aktien, Anleihen oder Rohstoffe. Dazu zählen Futures, Optionen oder Contracts for Difference (CFDs), auf die ich nicht näher eingehen werde. Ich beschränke mich auf einen Warnhinweis.

Im Bankgeschäft werden Zertifikate vertrieben. Sie zählen zu den strukturierten Produkten und sind Bankschuldverschreibungen. Damit enthalten sie bereits das erste Risiko: Gerät die Bank, die hinter dem Zertifikat steht, in wirtschaftliche Schieflage, ist der Investor bedroht. Zertifikate unterliegen nicht dem Schutz der Einlagensicherung.

Auch Zertifikate beziehen sich auf einen Basiswert, das sogenannte Underlying, z. B. eine Aktie oder einen Index. Das Zertifikat schwankt dann mit dem Marktpreis der Anlage.

Es gibt tausende Zertifikate, die meist eine Gemeinsamkeit haben: Sie sind hochkomplizierte Produkte, die in den Händen von Privatanlegern nichts zu suchen haben. Weiters stehen sie für hohe, unübersichtliche Kosten und eine kaum nachvollziehbare Renditeentwicklung.

Die Finanzkrise von 2008 wurde durch Subprime-Zertifikate ausgelöst. Das Subprime-Segment kennzeichnet Immobilien-Schuldner in den USA, es sind die ca. 35 % mit der niedrigsten Kreditwürdigkeit. Damals wurden diese Kredite zu Zertifikaten verpackt, die dann mit Top-Ratings ausgestattet und von Banken verkauft wurden – als sichere Anlagen mit hoher Rendite. Zahlreiche Notverstaatlichungen von Banken waren die Folge, der Anleger-Schaden war gewaltig.

Peer-to-Peer-Kredite (P2P-Kredite)

Man könnte Peer-to-Peer-Kredite mit »Kredite unter Gleichwertigen« übersetzen. Hierbei geht es um Kreditvergaben über das Internet zwischen Privatpersonen – all das geschieht ohne eine Bank. Diese Form der Kreditvergabe unter Menschen ist sehr alt, neu ist, dass der Vertrag über das Internet geschlossen wird. Dazwischengeschaltet sind Plattformen, die eine Vermittlertätigkeit übernehmen. Sie tragen futuristische Namen wie Bondora oder Zopa und befinden sich in Estland, Lettland und Großbritannien.

Hauptzielgruppe sind Personen, die bei der Bank keinen Kredit erhalten. Ansonsten würden sie wohl kaum die astronomisch hohen Zinsen bezahlen. Damit ist schon einiges über das Risiko für den Gläubiger ausgesagt.

Wer das auch P2P-Lending genannte Investieren in Erwägung zieht, sollte sich das Verleihen gut überlegen. Die Sicherungssysteme lassen zu wünschen übrig; Renditen von über 10 % pro Kredit müssen mit Abstrichen beim Risiko erkauft werden. Was passiert, wenn ein Anbieter in die Pleite schlittert oder es zu Kreditausfällen kommt, kann niemand so genau sagen.

Crowdinvesting

Die Crowd steht für eine große Menschenmenge, die zusammenkommt bzw. im Investment-Fall gemeinsam ein Projekt finanziert. Meist geschieht das über eine Internetplattform, die sozialen Medien werden zur Mobilisierung genutzt.

Beim Crowdfunding steht häufig der Spendenaspekt im Vordergrund, um z. B. Künstler oder angehende Spitzensportler zu unterstützen (die Gegenleistungen sind, wenn überhaupt vorhanden, kreativ und umfassen z. B. Bücher oder Merchandise-Artikel).

Crowdinvesting bedeutet hingegen die Beteiligung an Immobilienprojekten oder Startups. Die Gegenleistung besteht im Erfolgsfall aus einer Gewinnbeteiligung oder Zinszahlung. Ob die versprochenen Renditen, die ähnlich hoch wie bei den P2P-Krediten sind, erreicht werden, steht in den Sternen. Kaum reguliert und mit hohem Risiko – bis zum Totalverlust – versehen, spielen Anleger beim Crowdinvesting ein Spiel mit ungewissem Ausgang. Es wird auch hier einen Grund geben, warum sich die beteiligten Unternehmen den Kredit nicht zu günstigeren Konditionen bei Banken leihen – weil sie ihn dort wohl nicht bekommen würden.

Es ist klug, von dem beschriebenen Sammelsurium Abstand zu nehmen. Die vorgestellten Anlagen sind entweder zu teuer, zu riskant oder zu renditeschwach – zum Teil vereinen sie sogar alle diese Nachteile in einem Produkt.

7. ALTERSVORSORGE IN ÖSTERREICH

»Zukunftsdiskurse geben Auskunft über unsere Selbstbilder, nicht über das, was kommen wird.«

Konrad Paul Liessmann

Das heimische Pensionssystem ist angeschlagen. Die nächsten Jahre bringen viele Neueintritte ins Pensionssystem, die geburtenstarken Jahrgänge, die Babyboomer, kommen oder sind in Pension, die Lebenserwartung steigt. Das österreichische System kennt drei Säulen der Altersvorsorge.

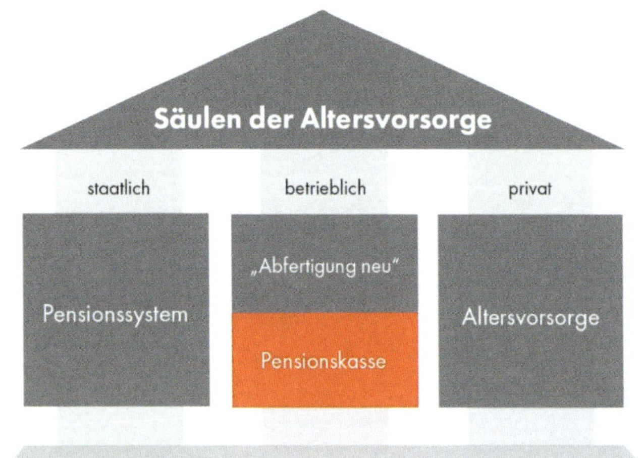

Grafik: Österreichische Finanzmarktaufsicht

Das Regelpensionsalter liegt in Österreich bei 65 Jahren, ab 2033 können auch Frauen erst mit 65 Jahren ihre Pension antreten. Für die Anspruchsberechtigung müssen 15 Jahre Erwerbstätigkeit vorliegen, zusätzlich anrechenbar sind z. B. Zeiten der Kindererziehung, Arbeitslosigkeit oder eine freiwillige Selbstversicherung.

Bei diesem Umlageverfahren leistet die erwerbstätige unselbstständige Bevölkerung 22,8 % an Beiträgen, die wiederum die Pensionisten erhalten. Nur leider reicht das nicht, der Staat muss zusätzlich Geld aus dem Budget zuschießen. Im Budgetentwurf des Jahres 2024 sind dafür 16,7 Milliarden Euro vorgesehen. Für die Beamtenpension kommen nochmals 12,8 Milliarden hinzu, wobei wir bei knackigen 29,5 Milliarden Euro wären.

Die monatliche Durchschnittspension laut Statistik Austria betrug 2022 übrigens 2.229 Euro (Männer) bzw. 1.313 Euro (Frauen).

Was soll's, wir haben in Österreich eine großartige zweite Säule, die berühmte »Abfertigung neu«, die es seit 2003 gibt. Betriebliche Mitarbeitervorsorgekassen ersetzen seit damals das vorige Abfertigungsmodell. Der Arbeitgeber zahlt 1,53 % des Bruttogehalts für den Arbeitnehmer ein.

Wer in einem besonders vorsorgebewussten Unternehmen arbeitet, der darf sich auf eine Zusatzpension freuen, die der Betrieb freiwillig für seine Mitarbeitenden abschließt. Der Arbeitgeber kann bis zu 10 % des Bruttogehalts in diese betriebliche Pensionskasse einzahlen. Die Leistungen sind mit Antritt der Pension zu versteuern. Hinzu kommen 2,5 % Versicherungssteuer auf die eingezahlten Beiträge.

Wie es wirklich um Österreichs Pensionssystem steht, hat eine Studie aus dem Jahr 2023 offenbart. Fazit: Spätestens 2040 ist der budgetäre Spielraum aufgebraucht, denn Österreich hat bereits sehr hohe Steuersätze auf Arbeit. Die vorgeschlagenen Lösungsvarianten dürften der Minderheit, die noch an ein funktionierendes System glaubt, nicht schmecken: Das Pensionsantrittsalter um zwei Jahre erhöhen, die Pensionen um 10 % kürzen oder indirekte Steuern auf Konsumgüter um 5 % erhöhen.

Pensionskürzungen, ein späterer Pensionsantritt sowie die Erhöhung indirekter Steuern sind unpopulär und es ist fraglich, ob sich eine der nächsten Regierungen traut, solche Einschnitte in Angriff zu nehmen. Alternativen sind rar, denn Vermögenssteuern sind in den OECD-Ländern so gut wie ausgestorben, weil sie aus einer Reihe von Gründen nicht funktionieren.

Die zweite Säule, die Mitarbeitervorsorgekasse, ist eher ein hölzerner Zaunpfosten. Ein Grund: Der Aktienanteil ist im Vergleich zu den Kosten zu gering, als dass das Produkt Rendite erwirtschaften könnte. Die Kosten betragen je nach Kasse ca. 2 bis 3 % p. a. und werden bereits vor der Veranlagung abgezogen. Die Performance-Berechnung berücksichtigt diese Kosten nicht, führt also zu einem verzerrten Ergebnis. Die Lösung wäre eine bessere Veranlagungsstrategie in Kombination mit einer Kostensenkung.

Die Ergebnisse der betrieblichen Pensionskassen sind ähnlich, auch sie lieferten in den letzten 15 Jahren keine nennenswerten Renditen. Hier sprechen wir je nach Anbieter über Gesamtkosten von ca. 5 bis 8 % p. a. Die hohen Kosten sowie die steuerliche Belastung verhindern mögliche Gewinne. Wie zuvor gilt: Die Performance-

Berechnung wird ohne Berücksichtigung von Produktkosten durchgeführt. Ein geschöntes Ergebnis ist die Folge.

Europäische Alternativen gäbe es: Das schwedische Pensionssystem hat einen Aktienbaustein integriert, der den Versicherten schöne Renditen bringt. Bis zum 55. Lebensjahr wird für den Bürger in den Aktienfonds angelegt, vom 56. bis zum 75. Lebensjahr wird in den Anleihenfonds umgeschichtet: Letztlich landen zwei Drittel in der sicheren Anlage und der Aktienanteil beträgt ein Drittel. Dies führt zu Durchschnittsrenditen von ca. 6 %.

Welche Säule bleibt uns? Natürlich die der privaten Altersvorsorge. Sie ist unabhängig von staatlichen Sicherungssystemen. Man kann uns besteuern, aber niemand kann uns diese Möglichkeit nehmen. Wie schon mehrfach erwähnt, benötigt man im Aktienbereich eine langfristige Anlagestrategie mit breiter, globaler Streuung sowie Produkte mit niedrigen Kosten. Da wir das Aktienrisiko nicht fürchten müssen, stehen wir diesem souverän gefestigt gegenüber.

Im Jahr 2023 standen Österreichs Privatanleger kurz vor einer guten Nachricht: Der damalige Finanzminister Magnus Brunner erklärte mehrfach, dass er und seine Volkspartei (ÖVP) die Wertpapier-Kapitalertragsteuer (KESt) abschaffen wollten. Seit 2012 gibt es die KESt auf Kursgewinne bei Wertpapieren, die seit 2016 27,5 % beträgt.

Die Abschaffung stieß beim Koalitionspartner jedoch auf wenig Gegenliebe, die Grünen vertraten die Position, dass Kapitalgewinne gegenüber Arbeit steuerlich privilegiert seien.

Derweil bleibt den österreichischen Anlegern nur die Möglichkeit, entweder in Einzelaktien (Steuerbelastung erst beim Verkauf) oder in ETFs bzw. aktive Fonds anzulegen (Steuerbelastung 16,5 %, solange der ETF nicht verkauft wird). Die wirklich »Superreichen« werden andere Wege finden, ihre Steuersituation zu optimieren.

Das staatliche Pensionssystem in Österreich sowie ihre betrieblichen Zusatzsysteme sind angezählt und mangelhaft. Bis es zu besseren oder steuerbegünstigten Alternativen kommt, bleibt uns nur die private Vorsorge in global diversifizierte Aktien-ETFs.

8. BEISPIEL-ETFS UND MUSTERDEPOTS

»Selbst ein intelligenter Investor braucht einen ungeheuer starken Willen, um nicht den Massen zu folgen.«

Benjamin Graham

Von meinen Seminarteilnehmern habe ich gelernt, was sie nicht mögen. Das sind unpräzise Aussagen wie: »Ihr könnt alle globalen ETFs kaufen, das macht keinen großen Unterschied.« Oder: »Da könnt ihr im Internet nachschauen, es gibt viele Informationsseiten.« Sie möchten konkrete Informationen und Beispiele. Diesem Auftrag komme ich gerne nach.

Die folgende Tabelle bietet eine ETF-Auswahl und umfasst grundlegende ETFs. Ich beschränke mich dabei auf Produkte von großen Anbietern mit hohem Anlagevolumen. Der Begriff Portfolio bezeichnet alle Vermögenswerte in einem Wertpapierdepot.

Tabelle 5: Aktien-ETFs

Exchange Traded Funds (ETFs)		
	ISIN	**Kosten p. a.**
Aktien, global, alle Länder		
Vanguard FTSE All-World UCITS ETF ACC	IE00BK5BQT80	0,22 %
iShares MSCI ACWI UCITS ETF ACC	IE00B6R52259	0,20 %
Aktien, global, Industrieländer		

iShares Core MSCI World UCITS ETF ACC	IE00B4L5Y983	0,20 %
SPDR MSCI World UCITS ETF ACC	IE00BFY0GT14	0,12 %
	ISIN	**Kosten p. a.**
Aktien, USA		
Vanguard S&P 500 UCITS ETF ACC	IE00BFMXXD54	0,07 %
iShares Core S&P 500 UCITS ETF ACC	IE00B5BMR087	0,07 %
Aktien, Europa, Industrieländer		
Vanguard FTSE Developed Europe UCITS ETF ACC	IE00BK5BQX27	0,10 %
iShares Core MSCI Europe UCITS ETF ACC	IE00B1YZSC51	0,12 %
Aktien, Schwellenländer		
Vanguard FTSE Emerging Markets UCITS ETF ACC	IE00BK5BR733	0,22 %
SPDR MSCI Emerging Markets UCITS ETF ACC	IE00B469F816	0,18 %

ACC = thesaurierend, IE = Irland

Der Überblick enthält ausschließlich thesaurierende ETFs (ACC), ausschüttende ETFs sind am Zusatz DIST zu erkennen.

Das Kürzel IE steht für Irland. Das betrifft alle ETFs in der Tabelle. Irische ETFs sind aus steuerlichen Gründen optimal. Die ISIN ist die Kennnummer, mit der Wertpapiere eindeutig zugeordnet werden.

Die globalen Aktien-ETFs von iShares bzw. Vanguard bieten eine breite Streuung zu moderaten Kosten. Sie beziehen sich auf den MSCI ACWI bzw. den FTSE All-World Index und umfassen ca. 2.900 bzw. ca. 4.000 Aktien. Der US-Anteil liegt bei über 60 %, der Schwellenländer-Anteil macht ca. 10 % aus. Industrieländer-Aktien, u. a. aus Europa, komplettieren die ETFs.

Der zweite Block gehört zwei MSCI World ETFs mit den Namen iShares (BlackRock) bzw. SPDR (State Street Global Advisors). Der MSCI World bildet Industrieländer-Aktien ab. Hier beträgt der US-Anteil ca. 70 %.

Die beiden US-Aktien-ETFs beziehen sich auf den S&P 500, der die 500 größten börsennotierten amerikanischen Unternehmen abbildet. Ihre Kostenquote liegt bei minimalen 0,07 % pro Jahr.

Europäische Industrieländer-Aktien werden in die Indizes FTSE Developed Europe und MSCI Europe aufgenommen.

Zuletzt sind zwei Schwellenländer-ETFs (Emerging Markets) angeführt. Angesichts der recht hohen Handelskosten in weniger entwickelten Märkten weiß auch hier die Kostenquote zu überzeugen.

Diversifikation (Streuung) bei Aktien-ETFs

Der MSCI All Country World Index (ACWI) bildet etwa 85 % der weltweiten Aktien ab. Die Streuung ist also enorm hoch. Die Gewichtung der Aktien erfolgt üblicherweise nach Marktkapitalisierung: Unternehmen, die einen höheren Börsenwert haben, erhalten eine höhere Gewichtung im jeweiligen Index (Jänner 2025: Apple 4,5 %, Microsoft 3,7 %). Für Länder, die die großen börsennotierten Unternehmen beheimaten, gilt dasselbe; der US-Anteil macht über 60 % am ACWI aus.

Diese automatisierte Zusammensetzung könnte auch über zwei oder drei ETFs erreicht werden, wie die nachfolgende Tabelle zeigt. Im ersten Beispiel werden Industrieländer weltweit und Schwellenländer kombiniert, im zweiten Beispiel die USA, Europa und Schwellenländer. Warum man sich das antun soll, wenn es schon ein fertiges Produkt gibt? Nicht wenige Anleger tüfteln an den Prozentsätzen, immer auf der Suche nach dem optimalen Rendite-Mix mit Über- oder Untergewichtung. Tatsächlich bietet diese Strategie keinen systematisch nutzbaren Vorteil.

Tabelle 6: Portfolios mit mehreren ETFs

Exchange Traded Funds (ETFs)	
	Kosten p. a.
Aktien, global, 2 ETFs	
Industrieländer, Welt: iShares Core MSCI World UCITS ETF ACC	0,20 %
Schwellenländer: SPDR MSCI Emerging Markets UCITS ETF ACC	0,18 %
Aktien, global, 3 ETFs	
USA: Vanguard S&P 500 UCITS ETF ACC	0,07 %
Schwellenländer: Vanguard FTSE Emerging Markets UCITS ETF Acc	0,22 %
Industrieländer, Europa: Vanguard FTSE Developed Europe UCITS ETF ACC	0,10 %

Muster-Portfolios (Streuung über mehrere Anlageklassen)

Muster-Portfolios, die die Aufteilung aller Assets betreffen, können immer nur etwas Angenähertes sein. Häufig wird das Alter der Anleger als Maßstab genommen.

Doch für einen steinreichen 20-jährigen Erben gilt ein anderes Risikoprofil als für einen 50-jährigen Angestellten mit Durchschnittsgehalt. Viele weitere Faktoren kann das Alter nicht abbilden: Welche Anschaffungen sind geplant? Hat man als Pensionist große Pläne? Ist ein Paar unabhängig, oder fallen Studienkosten für drei Kinder an? Viele Risiken sind zudem nicht kalkulierbar; eine Scheidung zählt zu den größten Unwägbarkeiten für Ehepaare.

Mir ist es dennoch wichtig, Ihnen einige Musterportfolios bieten zu können, um Ihre persönliche Situation, Ihre Pläne und Ihre individuelle Risikotragfähigkeit so gut wie möglich einzuschätzen.

Tabelle 7: risikoreiche und risikoarme Assets im Portfolio

risikoreiche Assets	risikoarme Assets
Aktien-ETFs	Festgeld, Taggelder (bis 100.000 Euro) Staatsanleihen höchster Bonität in Heimatwährung (auch als Anleihen-ETF möglich)

Ihr Depot besteht aus einem risikoreichen und einem risikoarmen Teil: Der Vermögensteil, der sicher veranlagt wird, darf keinem Wechselkursrisiko unterliegen. Deshalb sollten z. B. Festgelder oder Anleihen ausschließlich in der Heimatwährung erworben werden. Für die meisten von uns ist dies der Euro.

Der risikoarme Teil des Portfolios soll schwankungsfrei sein. Damit kommen Festgeld oder Tagesgeld (bis 100.000 Euro Einlagensicherung je Person) oder Staatsanleihen höchster Bonität in Frage.

Für diesen Portfolio-Teil hier nun einige Werte (Februar 2025):

- kurzfristige Bundesanleihen, Österreich (treasury bills, sechs Monate): 2,4 %
- Festgeld, zwölf Monate, Filialbank, Österreich: 2,35 %
- zehnjährige Bundesanleihe Österreich: 3,0 %

Im April 2024 hat die Bundesfinanzierungsagentur die »Bundesschätze« wiederbelebt. Damit können Staatsanleihen direkt bei der Republik gekauft werden. Ein Depot ist nicht notwendig. Man findet die Produkte (Laufzeit: ein Monat bis zehn Jahre) auf folgender Website: www.bundesschatz.at.

Die Website ist sehr gut umgesetzt und bietet zwei grüne Anleihen. Die Rendite für einjährige österreichische Bundesanleihen lag im Februar 2025 z. B. bei 2 % p. a. Die Konditionen der besten heimischen Banken waren in dieser Zeitspanne nur minimal höher.

Ein echter Dauerbrenner können die Bundesschätze werden, wenn eine Steuervergünstigung schlagend wird. Die grünen Bundesschätze (derzeit in den Varianten 6 Monate bzw. 4 Jahre verfügbar) würden sich für eine Steuerbefreiung geradezu anbieten.

Bis zu 100.000 Euro würde ich aktuell in einjähriges Festgeld oder in Bundesschätze investieren (abhängig von den besseren Konditionen). Darüber hinaus empfehle ich österreichische Bundesanleihen. Längerfristige Staatsanleihen sorgen für eine längere Zinsbindung, was bei fallenden Zinsen vorteilhaft, bei steigenden Zinsen nachteilig ist. Steigende Zinsen sind v. a. dann ärgerlich, wenn ein Verkauf der Anleihe notwendig wird.

Wichtig: Es sollte immer genügend Geld auf dem Girokonto sein, um die jährlichen Steuern zu decken, die auf Aktien-ETFs anfallen. Ich bezeichne sofort verfügbares Vermögen in der Folge als Barmittel.

Hier nun die angekündigten Muster-Portfolios:

Portfolio Belinda

Belinda ist 25 Jahre alt, hat ein Studium abgeschlossen und arbeitet bei einer Sozialeinrichtung. Ihre Eltern haben ihr zum 18. Geburtstag ein Sparkonto mit 50.000 Euro überreicht. Belinda ist flexibel und hat noch keine fixen Zukunftspläne, auch was die Familie betrifft.

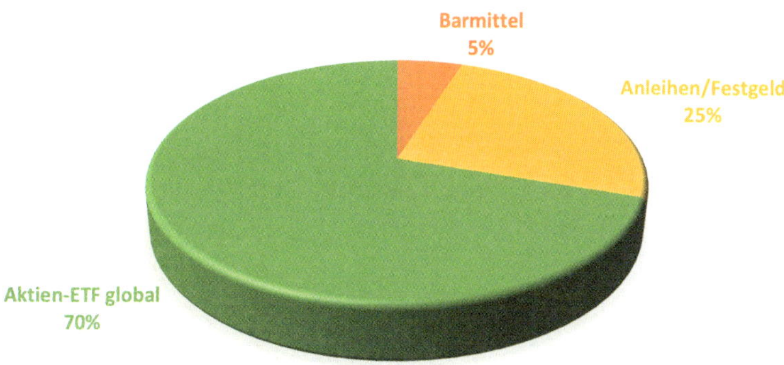

Angesichts von mindestens zehn Jahren potenzieller Anlagedauer ist eine Aktien-ETF-Quote von 70 % vertretbar, vorausgesetzt, Belinda kann mit Kursschwankungen umgehen. Sie darf noch mindestens 40 Jahre arbeiten, verfügt also noch über ausgiebiges Humankapital. Familiäre Veränderungen könnten mittel- bis langfristig zu einer neuen Anlagesituation führen.

Portfolio Markus

Markus ist 50, sozusagen im besten Alter. Er arbeitet als Abteilungsleiter in einem Industriebetrieb, ist verheiratet und denkt schon an das nahende Studium seiner Kinder.

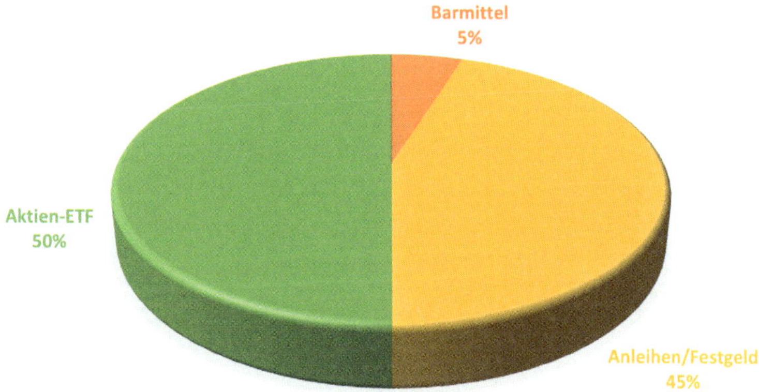

Da Markus Gutverdiener ist, hat er trotz der nahenden finanziellen Belastung die Möglichkeit, einen beträchtlichen Teil seines Einkommens in Aktien-ETFs zu investieren. Der Ruhestand ist noch nicht in unmittelbarer Nähe, daher kann er problemlos 50 % mit höherem Rendite-Potenzial anlegen.

9. SCHRITTE FÜR GEWINNER: DIE UMSETZUNG IHRES PORTFOLIOS

»Die überwältigende Mehrheit der Menschen baut kein Vermögen auf, weil ihnen die Selbstdisziplin fehlt, jeden Monat einen Teil ihres Einkommens wegzulegen.«

John Templeton

Die Zukunft wird großartig, lassen Sie sich nichts anderes einreden. Sie haben gerade das wirklich wesentliche Finanzwissen gepaukt. Mit diesem Wissensvorsprung ist es Zeit, durchzustarten. In diesem Kapitel gehen wir Schritt für Schritt voran und erstellen die wesentlichen Checklisten für Ihr finanzielles Wohlbefinden.

Ziele setzen

Was macht Gewinner aus? Ein ganz entscheidender Punkt ist das Setzen von Zielen, und zwar von realistischen Zielen, die weder zu hoch gesteckt noch zu niedrig angesetzt sind. Wichtig ist dabei, den Erfolg zu überprüfen.

Wenn Sie Kapital aufbauen möchten, fragen Sie sich, wie viel Sie jedes Jahr sparen können. Geben Sie eine realistische Schätzung ab. Betrachten wir die folgende Tabelle, die eine Überprüfung am Jahresende vorsieht (Tabelle 2 ist eine ähnliche Variante):

Tabelle 8: Sparziele festlegen und überprüfen
(Basis 1.1.2025: 35.000 Euro)

	Vermögensziel 31.12.	Ergebnis 31.12.
2025	40.000	42.000
2026	~~45.000~~ (neu: 49.000)	

Birgit verfügt Anfang 2025 über ein liquides Vermögen von 35.000 Euro. Sie möchte es weiter ausbauen – es soll um zumindest 5.000 Euro im Jahr wachsen. Sinnvoll ist, hier die Kosten von geplanten Anschaffungen einfließen zu lassen, je höher diese sind, desto weniger kann gespart werden. Spart Birgit mehr als erwartet, muss sie am Jahresende ihre Ziele adaptieren.

In diesem Fall hat sie ihr Ziel 2025 übertroffen. Birgit freut sich und erwartet nun, 2026 ebenfalls 7.000 Euro statt der ursprünglich veranschlagten 5.000 Euro zurücklegen zu können. Auch überraschende Ereignisse wie ein Totalschaden beim Auto führen im Nachhinein zu Korrekturen, die die Sparquote sinken lassen.

Selbstverständlich geht das Ganze auch umgekehrt. Setzen Sie sich Ziele zum Abbau Ihres Hauskredits, indem Sie Sondertilgungen einplanen und senken Sie damit Ihre Schulden schneller als geplant.

Erinnern wir uns an die »FIT«-Formel. Sie steht für fixiert (konkret), in Reichweite (erreichbar), terminiert (mit einem Endzeitpunkt versehen). Das Erreichen von Vermögenszielen ist motivierend und macht Lust auf mehr.

Checkliste Anlagewissen: Seien Sie erfolgreich!

1. Sie allein entscheiden, ein erfolgreicher Anleger zu sein. Das Wesentliche wissen Sie jetzt.
2. Fortschritt, Zufriedenheit und Wohlstand sind Folgen unserer wirtschaftlichen Entwicklung. Seien Sie positiv! Glauben und investieren wir in eine nachhaltige Zukunft für unsere Nachkommen!
3. Der Markt ist Ihr Freund – gemeinsam steht dem Erfolg nichts im Weg.
4. Risiko und Rendite hängen zusammen: Sie entscheiden, wie viel Sie davon für höhere Renditen in Anspruch nehmen.
5. Lehnen Sie hohe Kosten und Intransparenz ab.
6. Vermeiden Sie die in Kapitel 6 beschriebenen Produkte und aktive Aktienfonds. Wenn Sie schon investiert haben: Prüfen Sie einen Ausstieg und nehmen Sie im Zweifel den Konsumentenschutz in Anspruch (Arbeiterkammer).
7. Fragen Sie sich, welche Versicherungen Sie wirklich brauchen und prüfen Sie gegebenenfalls einen Ausstieg.

Checkliste Strategie-Ausrichtung: Setzen Sie die Segel!

1. Investieren Sie nur in Produkte, die Sie verstehen.
2. Halten Sie die Kosten Ihrer Anlageprodukte so niedrig wie möglich.
3. Hinterfragen Sie Ihre Risikotoleranz! Wie viel Risiko halten Sie psychisch aus und wie viel finanziellen Ver-

lust können Sie verkraften? Nutzen Sie hierzu folgenden Risikokapazitätsrechner:
https://extraetf.com/de/calculator/risk-survey

4. Passen Sie den risikobehafteten Teil Ihrer Anlagen (Aktien-ETF) entsprechend an, von 0 bis 100 %. Gegenüber steht der risikofreie Teil.
5. a) Legen Sie einen Prozentsatz Ihres Einkommens fest, den Sie regelmäßig investieren,
   b) fixieren Sie eine größere Summe, die Sie einmalig investieren, oder
   c) kombinieren Sie beide Varianten, z. B. mit einer Einmalzahlung und Monatsraten.
6. Fixieren Sie Ihre konkrete Portfolio-Aufteilung.

Umsetzungscheckliste: Segeln Sie so hart am Wind, wie Sie es wollen!

1. Entscheiden Sie sich für Ihre ETF-Auswahl! Es sollte zumindest ein global gestreuter, weltweiter Aktien-ETF sein.
2. Wählen Sie einen physisch replizierenden Aktien-ETF; hier werden die Aktien des Index nachgebildet.
3. Wählen Sie einen UCITS-ETF und zugleich einen Meldefonds; hier meldet die Bank die Steuerdaten an die Behörden. Die Liste der Meldefonds finden Sie auf der Website der Österreichischen Kontrollbank (OeKB):
   www.oekb.at/kapitalmarkt-services/unser-datenangebot/fonds/steuerdaten.html
   Tipp: Diese Voraussetzungen gelten für alle in Tabelle 5 abgebildeten ETFs!

4. Überlegen Sie sich, ob Sie eine Filialbank oder eine Online-Bank nutzen wollen.
   a) Entscheidung Filialbank: Erwirken Sie eine Reduktion der Depotgebühren und der Kaufspesen. Die jährlichen Gesamtkosten Ihres Anlageprodukts inkl. Depotgebühren sollten maximal 0,7 % betragen.
   b) Entscheidung Online-Bank/Online-Broker: Achten Sie aus steuerlichen Gründen darauf, dass die Online-Bank ihren Sitz bzw. eine Niederlassung in Österreich hat (gilt z. B. für Flatex, DADAT, Easybank). Die jährlichen Gesamtkosten Ihres Anlageprodukts inkl. Depotgebühren sollten maximal 0,6 % betragen. Einen guten Depotvergleich finden Sie hier:
   https://www.finanzfluss.de/vergleich/depot/oesterreich/
5. Halten Sie an Ihrer Strategie langfristig (mindestens zehn Jahre) fest. Kontrollieren Sie zumindest am Jahresende Ihre Depotentwicklung.
6. Bleiben Sie ruhig! Wenn es zu einem Crash kommt, halten Sie Ihre Aktien weiterhin. Das kann sehr viel Geduld erfordern, wird sich aber letztlich auszahlen.

Im Seminar vereinfache ich die genannten Checklisten folgendermaßen:

1. Die wichtigsten Fragen beantworten

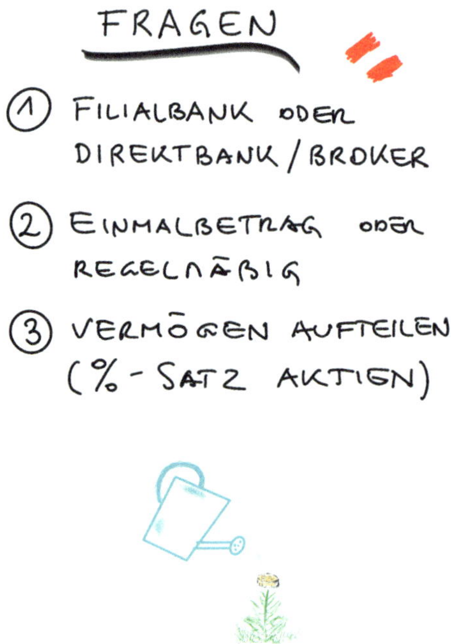

2. Konkrete Umsetzungsschritte durchführen

Was den Wechsel von bisherigen Anlageprodukten zu ETFs betrifft, stellt sich nur eine Frage: Gibt es eine Alternative, bei der ich niedrigere Kosten und Aussichten auf eine höhere Rendite habe? Wenn die Antwort »Ja« lautet, sollte der Wechsel durchgeführt werden.

Ich bitte Sie, auch diejenigen mit Respekt zu behandeln, auf die Sie jetzt vielleicht sauer sind – Ihre bisherigen Berater. Denken Sie daran, dass in Verhandlungssituationen Ausdauer, ein kühler Kopf und Höflichkeit erfolgsversprechend sind. Bankberater machen nur ihren Job.

Wenn Ihnen jemand von einer großartigen Anlage vorschwärmt, fordern Sie ihn auf, die Rendite-Daten der letzten zehn Jahre im Vergleich zu einem globalen Aktien-ETF vorzulegen. Dann zeigt sich, wie werthaltig die Empfehlung wirklich ist.

Sie wissen nun das, was wirklich notwendig und relevant ist. Weiterführende Informationen, u. a. zum Risiko und zu steuerlichen Fragen, finden Sie im zweiten Teil dieses Buches, der für fortgeschrittene Anleger konzipiert ist.

Zum Abschluss des ersten Teils habe ich Ihnen die häufigsten Fragen meiner Teilnehmer zusammengefasst.

Ich freue mich, wenn Sie weiterlesen!

10. DIE HÄUFIGSTEN TEILNEHMER-FRAGEN:

»Dem guten Frager ist schon halb geantwortet.«

Friedrich Nietzsche

Wann soll ich mit der Geldanlage starten?

Jetzt, wenn Sie nicht ohnehin schon aktiv sind. Sparen bedeutet, auf Konsum zu verzichten und dies geht am leichtesten, wenn es mit Monatsbeginn passiert.

Welche Anlageklasse schafft langfristig die höchsten Renditen?

Für den Zeitraum der letzten hundert Jahre sind das weltweit betrachtet eindeutig Aktien.

Mit welcher jährlichen Aktien-Rendite kann ich rechnen?

Ein weltweit gestreuter Aktien-Mix erreicht eine langfristige jährliche Rendite von ca. 8 % (vor Inflation und Steuern).

Welche Finanzprodukte soll ich wählen?

Investieren Sie nur in Produkte, die Sie verstehen.

Was ist aktives und passives Investieren?

Beim aktiven Investieren versucht ein Fondsmanager den Markt zu schlagen, indem er die richtigen Aktien auswählt, um besser als der Markt zu sein (»aktiver« Aktienfonds).

Beim passiven Investieren gibt sich der Anleger mit dem Marktdurchschnitt zufrieden. Das ist bei einem Fonds der Fall, der den Index nachbildet (Aktien-ETF).

Was muss ich beim Risiko beachten?

Je höher das Risiko, desto höher die Rendite. Für den risikoreichen Teil empfiehlt sich ein weltweiter Aktien-ETF. Für den risikolosen Teil eignen sich z. B. österreichische Staatsanleihen oder Festgeld.

Soll ich Geld anlegen oder erst meinen Kredit zurückzahlen?

Wer noch ein Darlehen, z. B. für seine Wohnimmobilie offen hat, sollte erst investieren, wenn das Darlehen getilgt ist. Davor sind Sondertilgungen die beste Wahl. Warum man sich auf die Rückzahlung des Kredits konzentrieren soll, bevor man in Aktien investiert, ist schnell erklärt: Darlehenszinsen sind so sicher, wie das Amen im Gebet und sichere Guthabenzinsen können nur niedriger sein.

Warum soll ich während der Rückzahlung des Kredits nicht in Aktien investieren, die eine hohe Rendite bringen?

Aktien können manches, aber eines können sie nicht bieten: gleichmäßig hohe Zinsen über einen längeren Zeitraum. Wer Schulden hat, ist besonders anfällig, wenn er schnell Geld braucht, weil etwas Unvorhergesehenes passieren kann. Es kann dann sein, dass die Aktien zum ungünstigsten Zeitpunkt verkauft werden müssen.

Was muss ich beachten, wenn ich investiere?

In Aktien sollte nur langfristig investiert werden (mindestens zehn Jahre). In dieser Zeit soll es keine Notwendigkeit geben, darauf zugreifen zu müssen. Wer Wertschwankungen weniger gut aushält, sollte weniger risikoreich anlegen, d.h. nur einen kleineren Teil seines Vermögens in Aktien anlegen.

Ich befinde mich bereits in der Pension. Lohnt es sich noch, in Aktien zu investieren?

Wenn der Anlagehorizont länger als zehn Jahre ist, lohnt sich das. Die Lebenserwartung einer heute 70-jährigen Person beträgt 86 Jahre.

Teil 2

NEXT STEP – INVESTIEREN FÜR FORTGESCHRITTENE

11. BÖRSENWISSEN FÜR FORTGESCHRITTENE

»Ich würde Stock-Picker mit Astrologen vergleichen, aber ich möchte die Astrologen nicht schlechtreden.«

Eugene Fama

Meine Seminarreihe hatte ein klares Ziel: Die Teilnehmer in einem Tag zu erfolgreichen Anlegern machen. Ein Folgeseminar hielt ich nicht für nötig. Am Ende des Tages sagte ich: »Ihr wisst jetzt alles, was ihr braucht.«

Zu meiner Überraschung teilten viele Besucher diese Ansicht nicht und forderten ein Fortgeschrittenen-Seminar. Wenn die Nachfrage da ist, sollte man sie auch bedienen, und so ist ein zweiter Seminarteil mit dem Titel »Easy Money – Next Step« entstanden.

Wir dringen dort tiefer in die Aktien- und ETF-Materie ein, beleuchten Risiken, betrachten alternative Anlagen (Gold, Immobilien, Kryptowährungen) und befassen uns mit »Nachhaltigem Investieren« und dem »Faktor-Investing«.

Den reißerisch formulierten Horror haben Sie bereits hinter sich; es sind die Anlageprodukte aus Kapitel 6, die man meiden sollte.

Mit einer nicht geringen Wahrscheinlichkeit gehören Sie der Mittelschicht an, die etwa zwei Drittel der Bevölkerung repräsentiert. Die Definition ist einkommensabhängig. In Österreich galten 2019 ca. 26 % der Menschen als arm (10 %) oder armutsgefährdet (16 %). 6 % verfügen über hohe Einkommen; das sind mehr als das Doppelte des Durchschnittseinkommens.

Die obere Hälfte der arbeitenden Bevölkerung finanziert die Umverteilung, von der die untere Hälfte profitiert. Die Einkommensungleichheit, gemessen mit dem sogenannten Gini-Koeffizienten, reduziere sich dadurch von 0,466 auf 0,213 (je näher der Wert bei 0 liegt, desto gleicher ist die Verteilung, je näher bei 1, desto ungleicher), ergab eine Studie des Instituts für Wirtschaftsforschung (WIFO).

Besserverdiener tragen viel zur Armutsbekämpfung bei. Es muss sich deshalb niemand dafür genieren, sein Geld vermehren zu wollen.

Wie wir schon festgestellt haben, müssen sichere Anlagen niedrigere Renditen abwerfen als Aktien. Die höhere Rendite ist eine Folge des höheren Risikos, das der Aktienanleger eingeht. Es gibt keine 20-Jahres-Periode, in denen Aktien – das gilt für die globale Betrachtung und die

Betrachtung großer, entwickelter Märkte – keine höheren Renditen als sichere Anleihen erzielt haben.

Es gibt nur zwei Gründe, warum man gegen eine langfristige globale Aktienanlage sein kann. Der erste sind Fehler beim Anlegen, z. B. die falschen Kauf- und Verkaufsentscheidungen, die falschen Produkte und Berater, zu hohe Gebühren. Diese lassen sich leicht in den Griff bekommen.

Der zweite Grund basiert auf einer fundamentalen Frage: Sind die Daten der Vergangenheit für eine zukünftige Prognose geeignet? Da niemand die Zukunft kennen kann, ist die Frage berechtigt. Es gibt jedoch nichts Verlässlicheres für eine zukünftige Marktprognose als langfristige Daten aus über 100 Jahren.

Die Weltuntergangspropheten haben scheinbar immer Hochkonjunktur; das gilt auch für Börsen und Märkte. Sorgte früher die Finanzpresse für Hysterie, bieten heute soziale Medien ungeahnte Möglichkeiten. Was sich nicht geändert hat: Die Kritiker wiederholen ihre Klagelieder so oft, bis es tatsächlich zu einer Kurskorrektur an den Aktienmärkten kommt. Und dann haben sie es schon immer gewusst. Dabei entgeht ihnen jedoch das Wesentliche: Die Märkte erholen sich wieder.

Wir dürfen uns von denjenigen, die uns die Kapitalanlage madig machen wollen, nicht ins Bockshorn jagen lassen. Der Markt ist nicht unser Gegner und schon gar nicht unser Feind. Wir müssen den Kapitalmarkt als Verbündeten oder als Mitspieler sehen. Denn wir sind am erfolgreichsten, wenn wir mit dem Aktienmarkt agieren, mit dem Strom schwimmen und uns ruhig über Wasser halten, statt wie verrückt zu zappeln. Paradoxerweise ist der wohl dem Spiel- und Wettbewerbstrieb geschuldete Versuch, den Markt schlagen zu wollen, kontraproduktiv und selten erfolgreich.

Häufige Begriffe, die Sie in Verbindung mit Anlagen hören, sind Performance, Benchmark und Marktkapitalisierung. Wir können diese an folgendem Beispiel erörtern:

Ein Aktienfonds ist ein Investmentfonds, der sich auf Aktien bezieht. Hier versuchen Fondsmanager, durch Market Timing (»richtiger« Zeitpunkt) und Stock Picking (»richtige« Aktie) aktiv den Markt zu schlagen, d. h. optimales Handeln von Aktien soll bessere Ergebnisse als der Marktdurchschnitt bringen.

Für jeden Markt gibt es dazu den passenden Vergleichswert (Benchmark). Die Benchmark für den österreichischen Aktienmarkt wäre der ATX. An diesem Index müsste sich der Aktienfonds messen lassen.

Ein Aktienfonds kann nun mit dem Ergebnis des Index und den Ergebnissen anderer Aktienfonds verglichen werden. Auch Einzelaktien können mit dem Ergebnis des Index verglichen werden. Die Performance bezieht sich auf die Wertentwicklung in einem bestimmten Zeitraum und wird in Prozent angegeben, die Abkürzung lautet p. a. (lat. per annum = pro Jahr). Wird die entsprechende Benchmark übertroffen, spricht man von Outperformance, wird sie unterboten, von Underperformance.

Die Marktkapitalisierung, auch Börsenwert, bezeichnet den Marktwert einer Aktie, also des Eigenkapitals einer Aktiengesellschaft. Sie ergibt sich folgendermaßen:

Marktkapitalisierung = Anzahl der umlaufenden Aktien × Kurs einer Aktie

Die Summe aller Aktien-Einzelwerte eines Index oder eines Landes ergibt dann die Aktien-Marktkapitalisierung des Index bzw. des Landes. Zählt man die Prozentwerte aller Aktien zusammen, ergibt das am Ende 100 %.

Dieses Konzept könnte man auch bei anderen Vermögenswerten anwenden: Wenn wir den Goldpreis (Februar 2025: ca. 2.700 Dollar/Unze) auf eine Tonne Gold hochrechnen, sind das 87 Millionen Dollar für eine Tonne Gold. Es existieren etwas mehr als 200.000 Tonnen Gold auf der Erde; damit wären wir bei sage und schreibe 17 Billionen Dollar. Wer sich das als Würfel vorstellen möchte: Die Kantenlänge beträgt etwa 22 Meter.

Inflation und Rendite

Alles wird teurer. Das stimmt meistens. Der Grund dafür ist die Inflation, zum Teil auch als Teuerung bezeichnet. Die Inflation ist eine Folge der Marktwirtschaft, denn Marktpreise ändern sich regelmäßig. Unternehmen wollen ihre Gewinne steigern. Das können sie zum Teil über höhere Preise erreichen, zum Teil auch über höhere Effizienz, Senkung der Personalkosten oder andere Maßnahmen. In der Regel müssen Unternehmen aber den Preis ihrer Produkte oder Dienstleistungen zumindest um die Inflation erhöhen, um das Vorjahresergebnis zu erreichen. Das ist logisch, denn auch die Mitarbeitenden wollen vom Arbeitgeber den Inflationsausgleich erhalten. Schließlich wollen auch sie nicht an Kaufkraft verlieren.

Was für die Kaufkraft beim Konsum gilt, gilt auch für die Kapitalanlage. Zwischen realen und nominalen Renditen muss unterschieden werden: Reale Rendite heißt sie nach

Abzug der Inflation, nominale Rendite bedeutet, dass die Inflation unberücksichtigt bleibt. Ist die reale Rendite niedriger als die Inflation, hat Ihre Anlage in diesem Zeitraum an Kaufkraft verloren.

Es liegt an unserem Gehirn, dass wir nicht in der Lage sind, Inflationsraten in unsere Berechnungen einzubeziehen. Trotz der Relevanz von realen Renditen ist es üblich, dass bei Finanzanlagen nominale Renditen publiziert werden. Darüber hinaus werden von Fondsanbietern, Versicherungen, Banken sowie Vorsorge- und Pensionskassen jährliche Renditen oft kumulativ addiert, was zu mathematisch fragwürdigen und nutzlosen Performance-Messungen führt.

Diese Überlegungen widerlegen auch den Mythos der Niedrigzinspolitik der Europäischen Zentralbank, die das Ansparen behindern soll. Die gestiegene Inflation nach Beginn des Ukraine-Kriegs führte trotz höherer Zinsen zu Reallohnverlusten, weil die Inflation im Verhältnis zur Zinserhöhung höher ausgefallen ist. Ein einfaches Beispiel soll dies demonstrieren:

Tabelle 9: nominale und reale Jahresrendite einer Anlage

nominale Rendite	Inflation	reale Rendite
2,5 %	8,5 %	- 6 %
0 %	2 %	- 2 %

Wir sehen auf einen Blick: Es ist nicht nur ein Faktor, sondern der Zusammenhang von zwei Faktoren, der letztlich zählt.

Wichtige Theorien zu Börse und Kapitalanlage

Was sind effiziente Märkte?

Die Effizienzmarkttheorie wurde in den 60er Jahren von Paul Samuelson und Eugene Fama weiterentwickelt. Die Grundlagen dazu wurden bereits um 1900 entdeckt. Vereinfacht gesagt ist in einem effizienten Markt der aktuelle Marktpreis eines Wertpapiers auch die beste Vorhersage für die Zukunft. Da im Wertpapier-Preis bereits alle öffentlich verfügbaren Informationen enthalten sind, ist es nicht möglich, den Markt zu schlagen – außer man hat Insider-Informationen oder einfach nur Glück. Die Effizienzmarkt-Theorie (künftig EMT) hat viele schlagkräftige Argumente, muss aber in einigen Punkten relativiert werden. So ist beispielsweise nicht jeder Markt effizient.

Vereinfacht gesagt, kann man einen effizienten Wertpapiermarkt so beschreiben:

1. Der Wertpapiermarkt ist liquid. Es findet ein reger Handel statt (hohes Angebot und hohe Nachfrage).
2. Der Wertpapiermarkt ist transparent. Informationen zur Preisbildung sind leicht und schnell verfügbar.
3. Es gibt keinen Eingriff in die Preise, z. B. Monopole oder staatliche Maßnahmen.
4. Ein Teil der Marktteilnehmer muss auf längere Sicht rationale Erwartungen haben.

Fama hat zwischen einer starken, mittelstarken und schwachen Form der EMT unterschieden. Deutliche Belege hat er für die schwache Form gefunden.

Sie bezog sich auf historische Preise, aus der Auswertung ließen sich keine Rückschlüsse auf zukünftige Preise ziehen. Das führte zu dem Schluss, dass eine Analyse vergangener Kurse keinen Nutzen bringt. Käufe und Verkäufe verursachen nur zusätzliche Kosten und Gebühren.

Die starke Form, die effiziente Märkte selbst bei Ausnutzung von Insiderinformationen unterstellt, hat Fama später als unrealistisch verworfen.

Die mittelstarke Form lässt sich wie folgt umschreiben: Für eine Aktie gibt es öffentlich verfügbare Finanzdaten, die aus Geschäftsberichten wie der Bilanz oder Handelsinformationen (z. B. das Kurs-Gewinn-Verhältnis, kurz KGV) entnommen werden können. Demnach würde die Analyse dieser Daten nichts bringen, da alle Informationen und zukünftige Erwartungen bereits in den Kursen eingepreist sind. Diese These ist umstritten und in der Finanzbranche höchst unbeliebt, denn sie besagt, dass Wertpapieranalysten ihren Job eigentlich an den Nagel hängen könnten.

Wie jede Theorie hat auch die EMT Kritik heraufbeschworen. Ein häufiger Kritikpunkt war die Annahme rationaler Marktteilnehmer, wo wir doch wissen, wie irrational Menschen reagieren können, wenn sie die Panik überkommt. Das mag kurzfristig ohne Frage stimmen. Doch die langfristige Entwicklung der globalen Aktienmärkte beweist eindrucksvoll, dass Märkte auf lange Sicht funktionieren – auch wenn sie alles andere als krisenresistent sind und immer wieder durchgebeutelt werden.

Unbeliebt ist die EMT bei den meisten, die aktives Investieren propagieren. Denn die wollen den Markt schlagen, mit Köpfchen, Aktiengespür und Timing. Die hohe praktische Bedeutung der EMT zeigt sich jedoch im anhaltenden praktischen Erfolg aller, die auf globale ETFs setzen.

Willkommen auf dem Zufallspfad

Als der Princeton-Professor Burton Malkiel 1973 ein Buch mit dem Titel »A Random Walk Down Wall Street« veröffentlichte, hätte er wohl nicht gedacht, dass es zu einem der erfolgreichsten Investment-Bücher als Zeiten wird. Der Titel hat erheblich dafür gesorgt, den Begriff »Random Walk« bekanntzumachen.

Man kann »Random Walk« mit Zufallspfad oder Zufallslauf übersetzen. Es ist ein Begriff aus der Statistik und Wahrscheinlichkeitstheorie.

Wenn wir einen Aktienkurs betrachten, würde ein Zufallspfad Folgendes bedeuten: Aus der vergangenen Kursentwicklung können keine Rückschlüsse auf die jeweils folgende Kursentwicklung abgeleitet werden. Die Kurse bewegen sich wie zufällig auf und ab.

Die EMT sagt übrigens nicht, dass Marktbewegungen immer rational fassbar sind und nicht auf Ereignisse reagieren.

Der entscheidende Begriff lautet »informationseffizient«: In einem effizienten Markt fließen Informationen äußerst schnell in einen Kurs einer Aktie ein. Niemand kann schneller als der Markt sein, um davon profitieren zu können. Für Märkte, die ineffizient sind, wo es z. B. kaum Handel gibt, gilt diese Voraussetzung nicht.

Mittelwert-Rückkehr: Warum Mittelwerte wichtig sind

Francis Galton, ein Verwandter von Charles Darwin, entdeckte im 19. Jahrhundert ein Phänomen, über das ich im ersten Teil schon kurz berichtet habe: Regression zum Mittelwert bzw. Mittelwert-Rückkehr.

Er fand u. a. bei der Vermessung der Körpergröße heraus, dass sehr große Väter bzw. sehr kleine Väter selten Söhne haben, die noch größer bzw. kleiner sind als sie selbst. Größer bzw. kleiner als der Durchschnitt waren sie aber allemal. Galton stellte eine Wechselbeziehung zwischen der Größe der Väter und Söhne fest und erkannte: Die Größe pendelte sich wieder um einen Durchschnitt ein, wobei hier die ältere Generation den Ausgangspunkt darstellte. Das ist Regression zum Mittelwert. Aus diesem Grund wird ihnen auch nie ein Mensch begegnen, der 20 cm klein bzw. vier Meter groß ist.

Was man dabei verstehen muss: Regression zum Mittelwert ist ein rein statistisches Phänomen, das zwar vorkommt, aber keine kausale Ursache hat.

Bei der Kapitalanlage ist diesbezüglich von »mean reversion« die Rede, sie gilt für längerfristige Betrachtungsperioden. Seit Ende der 1980er Jahre gibt es eine akademische Diskussion, inwiefern Aktienrenditen vorhersagbar sind und ob effiziente Märkte und vorhersagbare Renditen nicht einen Widerspruch darstellten.

Unbestritten ist, dass man langfristige Marktrenditen abbilden kann und sie ein wichtiger Anhaltspunkt für Anleger sind.

Die Tendenz, dass sich Renditen langfristig einpendeln (das gilt für positive und negative Jahre bzw. Perioden), ist wichtig. Sie ist der Grund, warum wir ein Jahr mit 20 % Plus, aber auch ein Jahr mit 19 % Minus nicht als repräsentativ betrachten dürfen, wenn der langfristige Schnitt 5 % sind. Sie ist aber auch der Grund, warum wir einen Fonds, der gerade als »bester Fonds Europas« beworben wird, weil er 60 % Rendite in einem Jahr erwirtschaftet hat, nicht kaufen sollten. Er hatte unglaublich viel Glück. Er wird mit einer sehr hohen Wahrscheinlichkeit bald wieder auf den Boden (oder Mittelwert) der Tatsachen zurückkehren.

Breit streuen: Die Portfoliotheorie

1952 wurde im »Journal of Finance« ein Artikel unter dem Titel »Portfolio Selection« von Harry Markowitz abgedruckt. Er stammte aus Chicago und studierte dort Wirtschaftswissenschaften. In seiner Doktorarbeit befasste sich Markowitz tiefer mit der Materie. Er suchte nach einer mathematischen Erklärung für eine bereits bestehende These, nämlich dass es sinnvoll wäre, das Risiko einer Anlage breit zu streuen.

Die Moderne Portfoliotheorie (MPT) brachte ihm 1990 den Nobelpreis für Wirtschaftswissenschaften ein. Ihre prinzipiellen Schlussfolgerungen sind wissenschaftlich weitgehend anerkannt, ihre mathematischen Annahmen aber komplex.

Sie kann jedoch sehr gut vereinfacht erklärt werden: Stellen Sie sich vor, an einem Urlaubsort zu sein, an dem man sich Sonne und Erholung wünscht. Es gibt dort ein Freibad, das nur benutzt werden kann, wenn es nicht regnet. Einen Steinwurf entfernt befindet sich aber ein Hallenbad, das öffnet, wenn das Wetter schlecht ist. Wären Sie nun der Unternehmer, der Hallenbad und Freibad betreibt, würden sie wohl um einiges ruhiger schlafen, weil sie eine Option hätten, den Verdienstausfall zu kompensieren. Sie hätten auch den Vorteil, ihre Mitarbeiter an anderer Stelle einsetzen zu können, statt ihnen trotz Untätigkeit den Lohn weiter zahlen zu müssen.

Hätten Sie Aktien dieses Unternehmens, hätten Sie ebenfalls einen Vorteil, der in einem niedrigeren Risiko bestünde. Ein sonniger Sommer wäre wirtschaftlich gut für das Freibad und schlecht für das Hallenbad – und umgekehrt. Einzeln betrachtet sind Freibad und Hallenbad riskante Geschäftsmodelle, weil vom Wetter abhängig. In der Kombination sinkt das Risiko aber aufgrund dieser sogenannten Diversifikation (Streuung). Natürlich ist die Wirtschaft komplexer: Eine Wirtschaftskrise kann auftreten, Menschen sparen beim Bäderbesuch, es ist kaum Personal zu finden. Das ändert aber nichts daran, dass die Kombination risikosenkend wirkt.

Als Risikomaß wird bei der Portfoliotheorie die Standardabweichung betrachtet. Vereinfacht gesagt ist die Standardabweichung die durchschnittliche Abweichung vom Durchschnitt. Je stärker die Schwankungen, desto höher das Risiko. Denn der Anleger scheut das Risiko und mag keine großen Abweichungen, zumindest nicht nach unten.

Risiko wird hier ausschließlich als möglichst schwankungsfreie Zone gesehen. Die Idee hinter diesem Konzept ist folgende: Der Anleger fühlt sich sicherer, wenn es zu geringeren Schwankungen kommt. Aufgrund dieser Umstände können sogar stark schwankende Aktien, die dem Portfolio hinzugefügt werden, das Risiko senken. Viele Aktien senken das Risiko. Wer nur wenige Aktien in seinem Portfolio hält, hat ein höheres Risiko zu tragen.

Neben der Diversifikation innerhalb einer Anlageklasse empfiehlt die Portfoliotheorie auch die Streuung über verschiedene Anlageklassen. Anleihen können z. B. das Portfolio ergänzen und ermöglichen es, mit weniger Risiko sichere Erträge einzufahren. Die höheren Renditen sind langfristig aber ohne Zweifel mit Aktien möglich.

Psychologie für Kapitalanleger: Häufige Fehler

Es ist unumstritten: Langfristig betrachtet sorgt ein weltweit gestreutes Aktiendepot für Kursgewinne. Dennoch gelingt es vielen Anlegern nicht, die Marktrenditen zu erreichen.

Die US-Finanzprofessoren Brad Barber und Terrance Odean haben in einer Reihe von Studien das menschliche Verhalten in Verbindung mit Finanzprodukten und wirtschaftlichen Zusammenhängen untersucht. Sie haben tausende Aktienportfolios analysiert und dabei Erstaunliches herausgefunden:

- Der durchschnittliche Aktien-Haushalt schnitt schlechter als der Markt ab. Je mehr gehandelt wurde, desto schlechter war das Ergebnis. Das ist logisch, denn jeder Kauf (und Verkauf) verursacht Kosten.
- Anleger neigen dazu, Verliereraktien zu halten und Gewinneraktien zu verkaufen. Sie wollen Gewinne mitnehmen, die Verluste aber aussitzen. Das schadet nicht nur der Performance, es ist zudem steuerlich nachteilig, da beim Aktienverkauf Steuern fällig werden. Aktienanleger sollten die Kosten ihrer Produkte minimieren, eine breite Streuung wählen und langfristig investieren. Die Praxis sieht anders aus: Sie haben zu wenig gestreute Portfolios, verkaufen Gewinneraktien, halten Verliereraktien und verursachen damit eine unnötige Steuerbelastung.
- Frauen sind die besseren Anleger. Männer sind risikobereiter und anfälliger für Selbstüberschätzung. Sie handeln mehr, verursachen höhere Transaktionskosten und schneiden bei der Aktienanlage schlechter als Frauen ab. Neben männlicher Selbstüberschätzung

kommt der Spieltrieb hinzu: Männer tendieren dazu, sich messen zu wollen.

Mit dem Aktienmarkt als Gegner geht das selten gut aus. Wenn es klappt, führen die Herren das eher auf ihren Riecher und ihr Können zurück. Dass sie nur Glück hatten, lassen die Wenigsten gelten.

Technische Analyse und Fundamentalanalyse: Warum man mit Market Timing und Stock Picking falsch liegt

Die zwei Trading-Strategien, die Outperformance versprechen, klingen ziemlich cool. Das eine ist Stock Picking, die Auswahl der »richtigen« Aktie, das andere ist Market Timing, die Wahl des »richtigen« Zeitpunkts.

Die zwei Methoden, die sich mit Stock Picking befassen, sind die technische Analyse (Chartanalyse oder Charttechnik) und die Fundamentalanalyse. Obwohl die technische Analyse wissenschaftlich hochumstritten ist, findet sie in der Investment-Praxis professionelle Anwendung.

Bei der Chartanalyse werden Unternehmensdaten ignoriert, es spielt keine Rolle, um welche Aktie es sich handelt, ob sie Hosendudler oder Apple heißt, macht keinen Unterschied.

Die Chartanalyse untersucht die vergangene Entwicklung einer Aktie, um den optimalen Kauf- und Verkaufszeitpunkt anhand von Trendfolgen und Mustern zu erkennen. Sie vermischt psychologische Annahmen wie den Herdentrieb mit Kursmustern. Vereinfacht könnte man sagen, dass Charttechniker davon ausgehen, dass die Herde zeitlich versetzt reagiert. All dies kann man angeblich erkennen und davon als Investor profitieren.

Der Charttechniker zeichnet – früher händisch, heute digital – täglich Linien ein, die die Kursentwicklung abbilden. Es bilden sich Muster. So können beispielsweise Auf- und Abwärtsbewegungen zu einer sogenannten Schulter-Kopf-Schulter-Formation werden. Wird dann die Nackenlinie der rechten Schulter durchbrochen, ist dies ein Verkaufssignal – also verkaufen. Dummerweise kann es kurz darauf wieder aufwärts gehen. Auch dafür hat die Chartanalyse einen Begriff: Der Anleger ist in die »Bärenfalle« getappt. Daneben gibt es Widerstandslinien nach oben und unten, wenn sich Kurse über längere Zeit einpendeln sowie den gleitenden Durchschnitt. Beim gleitenden Durchschnitt kommt dem Durchschnittskurs der letzten 200 Tage eine hohe Bedeutung zu. Kreuzen sich diese Trendlinie und die aktuellen Kurse, kann dies ein Kauf- oder Verkaufssignal sein. Daneben gibt es W-Formationen, Bollinger Bänder, Wimpel, Bestätigung, Doppelboden und etliche weitere Begriffe des Chart-Universums.

Eine Schulter-Kopf-Schulter-Formation sieht in der Charttechnik z. B. so aus:

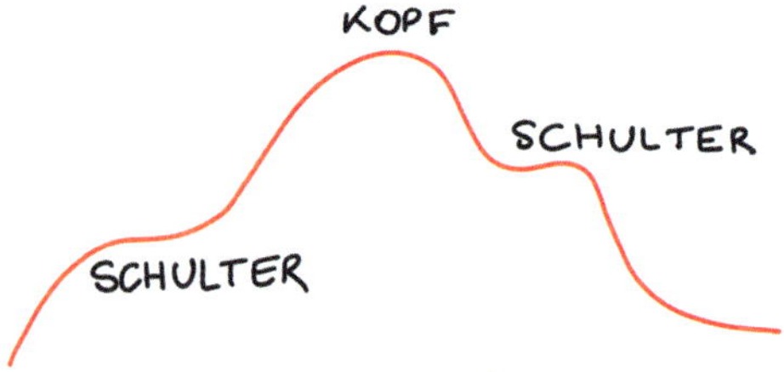

Dass man in Kursen in unterschiedlichen Zeitspannen eine unendliche Zahl an Mustern erkennen kann, ist nicht überraschend. Aus vergangenen Kursen kann man jedoch nicht auf zukünftige Kurse schließen.

Die technische Analyse muss in 50 % ihrer Annahmen zum Kursverlauf richtig liegen; das ist der Wahrscheinlichkeit geschuldet. Es gibt bis heute keine anerkannte Studie, die festgestellt hat, dass die Chartanalyse über den Zufall hinaus zutrifft. Anhänger der Portfoliotheorie machen sich gerne über die Chartanalyse lustig und ziehen Vergleiche zur Astrologie und Homöopathie.

Manche Investmenthäuser, die Charttechniker beschäftigen, weisen darauf hin, dass eine intensive Diskussion und positive Belege existieren, legen die Quellen dieser Studien aber nicht vor. Würde die Charttechnik funktionieren, wären alle ihre Anwender steinreich und könnten sich in ihrem Ruhm sonnen. Die Wahrheit ist: Die Finanzmärkte sind zufälliger und komplexer, als es die Chartanalyse erklären kann. Nicht wer kurzfristige Trendfolgen zum Kauf und Verkauf nutzt, sondern der, der langfristig anlegt, wird der Gewinner beim Vermögensaufbau sein.

Anders verfährt die Fundamentalanalyse, die Fundiertheit schon in ihrem Namen trägt. Sie will den echten Wert einer Aktie ermitteln und so unterbewertete Aktien finden, die man kaufen soll. Überbewertete Aktien soll man hingegen abstoßen. Wichtige Kennzahlen, mit denen gearbeitet wird, sind u. a. das Kurs-Gewinn-Verhältnis (KGV) oder die Dividenden-Rendite.

Für mehr Plausibilität werden Aktien gerne im Umfeld einer Branche betrachtet, um herauszufinden: Welche

Aktie ist das unterbewertete Juwel der Branche, dessen unterschätzten Wert der Markt noch nicht erfasst hat. Die Wachstumsaussichten des Unternehmens sind dabei immer von zentraler Bedeutung; die Psychologie lässt die Fundamentalanalyse außen vor.

Doch so einfach ist die Sache nicht. Kein Unternehmen kann dauerhaft wachsen; viele verschwinden im Rahmen der schöpferischen Zerstörung, die neue Geschäftsmodelle mit sich bringen. Die Industrien, die vor 50 oder 100 Jahren den Ton angaben, haben zumeist ihre Vormachtstellung verloren, wenngleich einigen Giganten wie z. B. Coca-Cola neue Zeiten nicht viel anhaben können. Hightech und Künstliche Intelligenz hin oder her, Durst haben die Menschen immer.

Die Ausschüttung hoher Dividenden kann ebenfalls ein Motiv sein, Aktien als kaufenswert auszumachen. Auf die Dauer muss dies aber kein Vorteil sein, vielleicht hätte das Unternehmen besser ein Aktienrückkaufprogramm gestartet und die eigene Liquidität verbessert, statt Kapital an die Aktionäre auszuschütten. Gerade im Technologie-Sektor zahlen bedeutende Unternehmen zum Teil gar keine Dividenden, weil sie ganz auf Wachstum setzen. Ein hohes KGV symbolisiert Wachstumsaktien, ein niedriges KGV kann zwar eine Unterbewertung signalisieren, aber auch ein Zeichen für eine wenig dynamische Aktie sein, weil der Anschluss verpasst wurde.

Ein weiteres Problem der Fundamentalanalyse: Im aktuellen Kurs einer Aktie stecken etliche zukünftige Erwartungen von Anlegern, sodass es nicht möglich ist, einen korrekten aktuellen Wert festzuschreiben. Auch die künftige Entwicklung von Ertragszahlen ist nicht vorhersagbar. Das KGV ändert sich z. B. ständig mit dem Aktienkurs. Auch die Dividendenzahlungen sind nicht vorauszusagen; sie sinken häufig, wenn die Gewinne stagnieren.

Die Prognosefunktion der Fundamentalanalyse ist zweifelhaft, was der fundamental richtige Wert einer Aktie sein soll, ist ungewiss. Das ist eine Pille, die fundamentale Analysten nur schwer schlucken können, weil auf Basis tatsächlicher Kennzahlen gearbeitet wird. Was zählt, ist jedoch das Ergebnis, und das steht und fällt mit der Korrektheit der Wachstumsprognosen.

Es gibt wenige Giganten oder Glückspilze, die über die Jahrzehnte mit dieser Strategie richtig lagen; die meisten aktiven Fondsmanager gehören jedenfalls nicht dazu. Eine beeindruckende Ausnahme ist Warren Buffett, das Orakel von Omaha. Was gerne vergessen wird, wenn über Buffett berichtet wird, ist seine langfristige Strategie, die auch auf Buy-and-Hold (Kaufen und Halten) setzt. Niemand kann seine außerordentlichen Fähigkeiten bestreiten, doch selbst er gibt zu, manchmal ordentlich daneben gelegen zu haben. Und Buffett sagt selbst, dass Indexfonds für Privatanleger die beste Lösung sind.

Market Timing

Market Timing ist im weiteren Sinn der »richtige« Zeitpunkt zum Kauf oder Verkauf einer Aktie. Kann es diesen überhaupt geben? Fest steht, dass man im Nachhinein wunderbar feststellen kann, wann gute und wann weniger gute Zeitpunkte gewesen sind. Market Timing im engeren Sinn betrifft die eher kurzfristige Umschichtung im Portfolio, wobei sich die Gewichte zwischen den Vermögenswerten verschieben.

So kann z.B. der Aktienanteil verringert und der Anleihenanteil erhöht werden. Genauso können Aktien verkauft und dafür die Barreserven erhöht werden. Zurückgegriffen wird auf volkswirtschaftliche Messdaten, auch Markt- oder Kursänderungen dienen als Argument. Unplausibel klingt das nicht. Wenn der Markt fällt, wird verkauft, um später wieder günstig einzusteigen und die Renditen zu optimieren – so die Theorie. Auf Timing basierende Absicherungsmechanismen wie Stop-Loss-Orders, die verhindern sollen, dass Aktien »noch tiefer abstürzen«, können aber nach hinten losgehen, wenn sich eine Aktie kurz nach dem Abstoßen wieder erholt.

Aktiv darauf zu setzen, was künftige gute Zeitpunkte zum Einstieg oder Ausstieg sind, ist ein Ding der Unmöglichkeit und nicht empfehlenswert. In den allermeisten Fällen wäre es besser, die Aktien zu halten. Wie erfolglos aktive Aktienfonds mit dieser wohl eher Taktik als Strategie sind, belegen zahlreiche Studien. Effiziente Märkte und die Unmöglichkeit von Voraussagen machen Market Timing zur Verlierer-Strategie. In den Prospekten wird Market Timing gerne als taktische Asset Allocation bezeichnet. Das klingt cool und profund zugleich. Die Wahrheit ist eine andere.

Aktive Fonds sind aufgrund ihrer Zielsetzung zum Market Timing verdammt. Da Aktienmärkte global betrachtet langfristig aufwärts tendieren, kann eine solche Strategie nur in eine Richtung funktionieren: Bei Markteinbrüchen die Aktienbestände erhöhen und diese langfristig halten.

Burton Malkiel fasst in seinem Buch »A Random Walk down Wall Street« treffend zusammen: »Abschließend ist festzustellen, dass die Fähigkeiten der professionellen Fondsmanager, bei der Umschichtung von Liquidität oder

Anleihen in Aktien richtige Entscheidungen zu treffen, erschreckend dürftig sind. Besonders hohe Barpositionen von Investmentfonds fallen in der Regel mit Markttiefs zusammen. Umgekehrt gilt: Bildete der Markt einen Gipfel aus, waren die Barbestände regelmäßig gering.«

In einfacheren Worten: Fondsmanager taten in puncto Timing meist genau das Falsche.

Mit Hilfe finanzwissenschaftlicher Erkenntnisse kann man die Grenzen des Systems abstecken und profitieren. Eine breite Streuung und langfristiges Investieren sind die wirksamsten und aussichtsreichsten Strategien. Chart- und Fundamentalanalyse können keine wissenschaftlich-fundierten Rendite-Versprechen abgeben, die halten. Wie schlecht Markt Timing und Stock Picking funktionieren, zeigen die Ergebnisse aktiver Aktienfonds.

12. AKTIENRISIKO UND SEINE FACETTEN

»Nicht weil es schwierig ist, wagen wir es nicht,
sondern weil wir es nicht wagen, ist es schwierig.«

Lucius Annaeus Seneca

Es gibt ein sogenanntes magisches Dreieck der Vermögensanlage. Warum es »magisch« genannt wird, habe ich bis heute nicht verstanden, aber ich zeichne es gerne in meinen Seminaren. Es umfasst Liquidität (Verfügbarkeit), Sicherheit und Rendite einer Anlage.

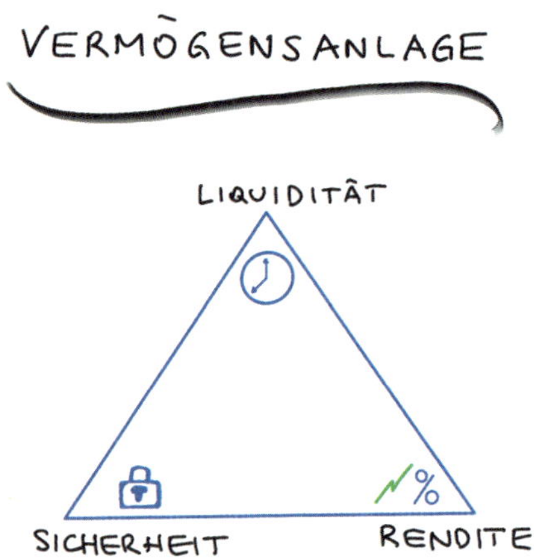

Die Bilanz dieses Dreiecks hat viel mit Risiko zu tun. Man kann nicht ständig auf sein Geld zugreifen und zugleich immer eine hohe Rendite und hohe Sicherheit haben.

Zumindest bei einer Ecke muss man Abstriche hinnehmen.

Die Forschungen des Psychologen Daniel Kahneman offenbarten, dass viele Menschen bereit sind, Geld in die Hand zu nehmen, wenn ein hoher Gewinn angekündigt ist, selbst wenn die Chancen minimal sind – erkennbar an der hohen Zahl der Lottospieler. Umgekehrt neigen wir dazu, risikoscheu zu sein, wenn die Aussichten hervorragend sind. Dies führt bei Gerichtsprozessen trotz sehr guter Ausgangslage zur Annahme ungünstiger Vergleiche, um auf der sicheren Seite zu sein. Versicherungen profitieren davon, dass wir Risiken nicht einschätzen können und Absicherung anstreben.

Risiko ist nicht nur schwer zu definieren, sondern ändert sich mit dem Lebensalter. Teenager tendieren in der Gruppe dazu, höhere Risiken einzugehen. Gerade bei der Vermögensanlage in Aktien gibt es aber etliche risikosenkende Elemente, auf die wir zurückgreifen können.

Ich habe in der folgenden Tabelle einen breiten Risiko-Begriff gewählt, der viele renditegefährdende Effekte einschließt. Wenn Sie die Tabelle betrachten, wird Ihnen auffallen, dass die meisten Risiken entweder die Aufteilung der Vermögensanlagen oder die zeitliche Dauer betreffen. Dies spricht schon Bände über den Nutzen von Streuung bei Vermögenswerten; der Fachbegriff lautet Diversifikation.

Lediglich die zwei letztgenannten Risiken hängen nicht mit irgendeiner Form der Streuung zusammen, nämlich hohe Kosten und zuletzt der Verlust des Investments durch z. B. einen Konkurs.

Tabelle 10: Möglichkeiten, Anlagerisiko zu senken

Art des Risikos	risikosenkendes Element
Einzelaktien-Risiko	Investment in große Anzahl von Aktien
Länder-Risiko	Aktien aus einer Vielzahl von Ländern
Branchen-Risiko	Aktien aus vielen Branchen
Wahl der »richtigen« Aktie (Stock Picking)	breit gestreute Auswahl an Aktien
Wahl des »richtigen« Zeitpunkts (Market Timing)	langfristige Anlage in Aktien
Währungs-Risiko	sichere Anlagen in Heimatwährung
Inflations-Risiko	Vermögenswerte, die Inflation übertreffen
Schwankungs-Risiko	breite Streuung (innerhalb einer Anlageklasse und über mehrere Anlageklassen hinweg)
Produktkosten-Risiko	Wahl von Produkten mit niedrigen Kosten
Ausfalls-Risiko (z. B. Konkurs einer Bank, Gesellschaft)	Wahl sicherer Produktformen, Schutz durch staatliche Einlagensicherung

Einzelaktien-Risiko

Ich kenne Werner T. nicht, aber er ist ein sympathischer norddeutscher Rentner. Er äußert sich in einer Dokumentation des bayrischen Rundfunks über das gestrauchelte Unternehmen »Wirecard«. Werner ist lange für eine Reederei zur See gefahren. Wirecard, ein Anbieter von digitalen Zahlungssystemen, galt als Vorzeigeunternehmen.

Werner hörte von der Erfolgsstory und investierte 2018 und 2019 seine gesamten Eigenmittel von 72.000 Euro in diese Aktie.

2019 stand Wirecard bereits am Rande des Abgrunds, schon seit Jahren existierte der Vorwurf der Bilanzfälschung. Ein Bericht der »Financial Times« erhärtete Vorwürfe, dass Umsätze erfunden wurden. Angebliche Treuhandkonten, auf denen 1,9 Milliarden Euro liegen sollten, waren nicht auffindbar. Wirtschaftsprüfer Ernst & Young verweigert das Testat der Bilanz 2019, das die Einhaltung der gesetzlichen Vorschriften bei der Buchführung bestätigen sollte. Im Juni 2020 meldete Wirecard Insolvenz an, 2022 startete der Prozess gegen CEO Markus Braun. Die Anklagepunkte lauteten: Bilanzfälschung, Marktmanipulation, Untreue und bandenmäßiger Betrug. Brauns österreichischer Landsmann, Vorstandsmitglied und Schlüsselfigur Jan Marsalek, setzte sich nach Russland ab und entzog sich so den Behörden.

Werner hat seine gesamten Ersparnisse für den Ruhestand verloren, weil er alles auf eine Karte gesetzt hat. Nicht jede Aktie wird zum Kriminalfall, aber die Risiken einer Einzelaktie können bis zum Totalverlust des Kapitals führen. Mit einem diversifizierten Portfolio wäre das nicht passiert und niemand sollte dieses Risiko eingehen. Das gilt auch für Aktienprogramme, die börsennotierte Unternehmen für ihre Mitarbeiter auflegen. Bei aller Solidarität mit der eigenen Firma, sein ganzes Kapital darf man niemals so einseitig verteilen.

Länder- und Branchenrisiko

Gibt es Länder, in die man bevorzugt investieren soll? Dies bekommt man immer wieder suggeriert, wenn man von Märkten mit hohen Chancen liest. So können Sie sich von Finanzbloggern und Youtubern erklären lassen, warum Sie gerade jetzt z. B. in Indien investieren sollten. Die Auswahl einzelner Länder stellt jedoch ein unnützes Risiko dar, das sehr gut demonstriert werden kann.

Ende des Jahres 1989 stieg der japanische Aktienindex Nikkei nach drei erfolgreichen Börsenjahren auf ein Hoch von 38.915 Punkten. Es folgten eine tiefe Depression und eine schwere Rezession. Am 20. Februar 2025, über 35 Jahre später, stand der Nikkei bei 38.678 Punkten, also niedriger. Was für ein Desaster. Wer global diversifiziert hätte, wäre langfristig nie mit einer solchen Situation konfrontiert gewesen.

Wir müssen aber gar nicht weit in die Ferne schweifen, um zu sehen, wie renditegefährdend ein Investment in einzelne Länder sein kann. Am 9. Juli 2007 notierte der österreichische Aktienindex ATX bei einem Hoch von 4.981 Punkten, das als Folge der Finanzkrise nicht von Dauer war. Ende des Jahres 2024 stand der ATX bei 3.663 Punkten. Dass der Bauer eher isst, was er kennt, haben wir schon gehört. Nicht wenige Anleger gehen ähnlich vor. Verhaltensökonomen nennen die Vereinfachung, bevorzugt in Unternehmen des eigenen Landes zu investieren, »Home Bias«. Das Vertrauen in Werte, die man zu kennen glaubt, ist höher, aber auf lange Sicht alles andere als gesünder, wenn es das Aktiendepot betrifft.

Wie man in Länder investieren kann, so ist das auch mit Branchen möglich. Branchen bringen langfristig keine höheren Renditen als ein Marktquerschnitt über alle Branchen. Natürlich gelingt es dem US-Technologieindex Nasdaq, dem Musterbeispiel für Zukunftsaktien, immer wieder, den US-Markt über gewisse Zeiträume hinter sich zu lassen, allerdings um den Preis höherer Schwankungen.

Wahl der »richtigen« Aktie und Wahl des »richtigen« Zeitpunkts

Es gibt zwei Strategien, die den Markt schlagen wollen. Wir haben sie im letzten Kapital kennengelernt. Das eine ist Stock Picking, die Auswahl der »richtigen« Aktie, das andere ist Market Timing, die Wahl des »richtigen« Zeitpunkts.

Nach diesen Prinzipien legen aktive Aktienfonds an. Leider weiß niemand, welche Aktie in den nächsten Wochen oder Monaten besonders gut laufen wird. Wer einen Treffer landet, ist ein Glückspilz. Auch den »richtigen« Zeitpunkt zum Kauf oder Verkauf einer Aktie kann man erst im Nachhinein feststellen. Viel sinnvoller ist es, Aktien zu kaufen und dann lange zu halten (»Buy-and-Hold«).

Inflations- und Währungsrisiko

Es ist uns nicht möglich, ständig die Inflation im Kopf zu behalten, die unser Geld automatisch weniger werden lässt. In unseren Köpfen ist der Euro von 2025 etwa gleich viel wert wie der Euro von 2015. Das ist erstaunlich, wenn man bedenkt, was es für einen emotionalen Sturm der Entrüstung auslösen würde, wenn Ihr Chef, Herr Raffzahn, käme und sagen würde: »Frau Fleißig, wir müssen Ihr Gehalt leider um 5 % kürzen. Sorry, es geht nicht anders.«

Die gute Nachricht lautet: Ein langfristiges Investment in Aktien ist ein hervorragender Inflationsschutz, der uns davor bewahrt, an Kaufkraft zu verlieren. Unternehmen passen die Preise ihrer Produkte oder Dienstleistungen natürlich an die Inflation an.

Wie steht es um das Währungsrisiko? Jeder Anleger hat eine Heimatwährung, in Österreich und Deutschland ist das der Euro.

Hinsichtlich Wechselkursrisiko gibt es für Euro-Bezieher bei der Vermögensanlage eine einfache Regel: Der Teil des Vermögens, der sicher veranlagt werden soll, darf keinem Wechselkursrisiko unterliegen, also nicht in einer Fremdwährung veranlagt sein. Deshalb sollten z. B. Festgelder oder Anleihen ausschließlich in der Heimatwährung erworben werden.

Für den risikoreicheren Teil des Depots gilt dies jedoch nicht, es wäre auch gar nicht möglich. Die weltweite Dominanz des US-Dollars und der amerikanischen Kapitalmärkte stellen zwingend einen Kontakt zum US-Dollar her.

Es gibt in Österreich und Deutschland ETF-Produkte, deren Fondswährung der US-Dollar ist und solche, deren Fondswährung der Euro ist. Für den Anleger ist das ohne Relevanz. Ob der Kurs im Fonds in Euro umgerechnet wird oder im Depot des Anlegers, ändert nichts am aktuellen Wert.

Absicherungsgeschäfte werden als »Hedge« oder »Hedging« (engl. absichern) bezeichnet, bei Währungsabsicherung spricht man von Währungs-Hedge. Es stellt sich nun die Frage, ob ein Investment in einen weltweit gestreuten ETF einer Währungs-Absicherung bedarf. Entsprechende ETFs erkennt man am Zusatz »hedged«. Der US-Dollar ist hierbei die dominante Währung. Es dürfte klar sein, dass man die zahlreichen weiteren Währungen vernachlässigen kann und nicht gegeneinander absichern muss. Man darf ebenfalls nicht vergessen, dass große Konzerne weltweit Umsätze machen und mit etlichen Währungen konfrontiert sind.

Wenn überhaupt etwas Sinn machen kann, ist es, den Kurs des Euros gegenüber dem des Dollars abzusichern. Ein fallender Dollar könnte für unseren bereits gekauften ETF nämlich bedeuten, dass auch unser ETF abwertet, weil dann weniger Euro ausgewiesen werden. Bei einem entsprechenden ETF wird meist der Wechselkurs über ein Devisentermingeschäft abgesichert. Damit kann man zwar kurz- bis mittelfristige Kursschwankungen ausgleichen, doch zwei Dinge sind wichtig.

Erstens: Langfristig ist die zu erwartende Rendite von Wechselkursen gleich null. Hinzu kommt, dass Dollar und Euro zwei Hartwährungen großer Wirtschaftsräume sind. Bei Währungen lässt sich die Mittelwert-Rückkehr besonders gut beobachten. Die Kurse pendeln sich auf lange Sicht ein.

Zweitens: Jedes Währungsrisiko bedeutet auch eine Währungschance, d.h. wir könnten auch profitieren, z.B.

wenn der Dollar im obigen Beispiel an Wert gewinnt. Diese Chance nimmt man sich mit der Währungs-Absicherung, indem der Kurs fixiert wird.

Es wird niemanden überraschen, dass Währungsabsicherung Geld kostet. Bei ETFs kann man dies wunderbar an den jährlichen laufenden Kosten (TER) sehen, die sich bei einem weltweiten ETF auf den MSCI World auf ca. 0,2 % belaufen, bei einem ETF mit Währungshedge auf ca. 0,5 %. Die Zusatzkosten von ca. 0,3 % müssen wir nicht tragen.

Schwankungsrisiko (Volatilität)

Die Verhaltensökonomik hat in zahlreichen Forschungsexperimenten festgestellt, dass wir Menschen dazu neigen, Verluste stärker zu empfinden als Gewinne und dies als Verlust-Aversion betitelt. Als ungefähres Maß wurde 2:1 festgestellt, Verluste treffen uns emotional doppelt so stark, als uns Gewinne erfreuen. Was das in Hinblick auf ein schwankungsintensives Aktien-Investment bedeutet, kann man sich leicht ausmalen. Immer wieder sagen mir meine Seminarteilnehmer über Aktien: »Ich halte Schwankungen nicht aus.«

Die verbreitetste Risiko-Kennzahl der Finanzwissenschaft ist die Volatilität, vereinfacht gesagt die Schwankungsbreite. Je höher die Standardabweichung, desto weiter sind die Messdaten vom Mittelwert entfernt. Sie hat sich als wirksames Hilfsmittel erwiesen, um Verteilungen darzustellen, z. B. in der Ökonomie (Einkommensverteilung), Biologie (Körpergröße) oder Meteorologie (Regenmenge).

Wertpapierrenditen sind zunächst nicht vollständig normalverteilt. Bei Wertpapieren hilft uns die Standardabweichung aber, um die Rendite in unterschiedlichen Zeitfenstern mit den Schwankungen in Verbindung zu bringen. Es wird davon ausgegangen, dass die vergangene Volatilität Auskünfte über die zukünftige Entwicklung gibt.

Einzelaktien sind in der Regel schwankungsintensiver als der Marktdurchschnitt oder ein breit gefächertes Aktienportfolio. Je breiter die Streuung, desto niedriger die Volatilität.

Einer der wortmächtigsten Gegner der Glockenkurve, die die Standardabweichung abbildet, ist der libanesische Risikoforscher Nassim Taleb. Als versierter Börsenhändler fielen ihm etliche Schwachpunkte des Finanzsystems auf. Die Investmentwelt glaubt, alles im Griff zu haben, doch die Risiken sind höher als angenommen und etliche erfolgreiche Investoren waren wohl eher Glückpilze als geniale Strategen.

Taleb stellt in seinem vielbeachteten Werk »Der Schwarze Schwan« fest, dass ungesehene Risiken oft nicht wahrgenommen werden, obwohl sie da sind. In extremen Marktsituationen können häufiger extremere Ausschläge auftreten als vorgesehen. Was gemäß Standardabweichung viele tausend Jahre nicht passieren dürfte, z. B. dass ein Aktienindex um mehr als 5 % an einem Tag abstürzt, kommt in der Wirklichkeit alle paar Jahre vor.

Taleb hat Recht, doch das soll uns nicht stören. Eine höhere Rendite bedeutet ein höheres Risiko. Wir können uns fragen: Was macht das mit mir, wenn meine Aktien vorübergehend 20, 30 oder 40 % an Wert verlieren? Dabei führt erst der Verkauf zu einem Verlust, der davor nur auf dem Papier bzw. digital besteht.

Der Umgang des Anlegers mit Schwankungen ist aber der entscheidende Punkt. Für den Anleger zählt, was langfristig passiert. Wir dürfen nicht in Panik verfallen, wenn es zu Schwankungen kommt. Wir müssen uns immer wieder versichern, dass nur die langfristige Perspektive zählt und uns kurzfristige Schwankungen nichts anhaben können.

Produktkosten- und Ausfallrisiko

Hohe Produktkosten können wir leicht vermeiden, indem wir günstige Anlagen erwerben, z. B. Aktien-ETFs. Auch dem Ausfallrisiko, z. B. dem Konkurs einer Bank, kann man aus dem Weg gehen. UCITS-ETFs bieten als Sondervermögen umfassenden gesetzlichen Schutz. Sondervermögen muss bei einer unabhängigen Depotbank verwahrt werden. Im Falle einer Insolvenz der Kapitalanlagegesellschaft ist der Anleger dadurch vollständig abgesichert.

Die Wahl sicherer Produktformen (z. B. Staatsanleihen) und der Schutz durch staatliche Einlagensicherung (z. B. Festgelder) erfüllen denselben Dienst bei den sicherheitsbezogenen Anlagen unseres Portfolios.

Ein langfristiger Aktienanleger muss sich vor Risiken nicht fürchten. Das renditeschädigende Risiko hoher Produktkosten kann ausgeglichen werden, indem in globale Aktien-ETFs investiert wird. Sie verbinden gute Rendite und niedrige Kosten. Aktienfonds und ETFs bieten als Sondervermögen umfassenden gesetzlichen Schutz. Im Fall einer Insolvenz einer Bank ist der Anleger dadurch vollständig abgesichert.

13. FONDS- UND ETF-WISSEN FÜR FORTGESCHRITTENE

»Wäre der S&P Index ein Sportler, dann hätte man ihn wahrscheinlich wegen Dopingverdachts überprüft.«

Burt Malkiel

Allgemeines

Stellen Sie sich vor, Sie hätten ein Geschenk gekauft. Nun müssen Sie es mehr oder weniger kunstvoll verpacken. Das Anbringen von Verpackungsmaterial hat zwei Konsequenzen: 1. Das Geschenk wird nicht leichter, sondern schwerer. 2. Für die Verpackung fallen zusätzliche Kosten an. Finanzprodukte kann man so betrachten: Sie sind teurer als das Basis-Investment, weil der Konsument zusätzlich zur Kasse gebeten wird. Schließlich sollen die höheren Gebühren der Finanzprodukte nicht nur zusätzlichen Aufwand abdecken, sondern den Finanzunternehmen Profite bringen. Für den Anleger ist es aber wichtig, diese Kosten so niedrig wie möglich zu halten.

Zwischen der Höhe der Gebühren und der Qualität eines Aktienfonds gibt es nur einen Zusammenhang: Je höher die Gebühren sind, desto höher ist die Wahrscheinlichkeit einer Bruchlandung. Wer glaubt, dass ein kompetentes Fondsmanagement höhere Gebühren rechtfertigt, irrt.

Wenden wir uns einer Gemeinsamkeit zu, die alle Aktieninvestoren betrifft, die nicht in Einzelaktien veranlagen. In Österreich regelt das Investmentfondsgesetz die Tätigkeiten von Kapitalanlagegesellschaften. Es bezieht sich auf eine EU-Richtlinie, die sogenannte OGAW-Richtlinie (Organismen für gemeinsame Anlagen in Wertpapieren). International ist von UCITS die Rede (Undertakings For Collective Investment In Transferable Securities).

Die Richtlinie sieht einheitliche Standards und Dokumentationspflichten vor und regelt den Schutz der Anleger. UCITS-Fonds dürfen im Europäischen Wirtschaftsraum, der neben den EU-Staaten auch die Schweiz, Liechtenstein, Norwegen und Island umfasst, angeboten werden. Wer in Europa gebündelt anlegt, sollte auf jeden Fall in ein Produkt mit diesem Gütezeichen investieren.

UCITS-Fonds und UCITS-ETFs unterliegen der Überwachung durch die Börsenaufsicht der jeweiligen Nationalstaaten und ihre Vermögensgegenstände sind Eigentum der Anleger. Damit sind sie als Sondervermögen vor dem Konkurs eines Fondsanbieters geschützt.

Zu den Pflichten der Kapitalanlagegesellschaften gehört, ein Basis-Informationsblatt zur Verfügung zu stellen. Dieses Kundeninformationsdokument (KID = key information document) sieht vor, dass Anleger auf einen Blick wichtige und vergleichbare Informationen über die Produkte erhalten. Dies sind allesamt Produkte mit Verpackung, wobei die Verpackung größer oder kleiner, teurer oder billiger ausfallen kann. Sie werden als »PRIIPs« (packaged retail and insurance-based investment products) bezeichnet. Der sperrige Name bedeutet in etwa »verpackte Produkte für Kleinanleger und versicherungsbasierte Anlageprodukte«. Sie gelten u. a. für:

- geschlossene und offene Investmentfonds
- Versicherungsprodukte mit Anlagecharakter (z. B. fondsgebundene Lebensversicherung)
- strukturierte Finanzprodukte, die u. a. in Wertpapiere verpackt sind (z. B. Optionsscheine)
- Finanzprodukte, deren Wert sich von Referenzwerten wie z. B. Aktien ableitet (Derivate)

Über das Basisinformationsblatt hinaus beinhalten die Rechenschaftspflichten für Fonds und ETFs ein Verkaufsprospekt sowie einen Jahresbericht. Das KID bietet einen schnellen Überblick und jeder Anleger sollte es kennen. Der Jahresbericht enthält eine detaillierte Vermögensaufstellung, gibt über die Wertentwicklung des Fonds Auskunft, offenbart die Einnahmen bzw. Ausgaben und die tatsächliche Veranlagungsstrategie.

Sehr hilfreich ist auch das Factsheet des Fonds bzw. ETFs. Obwohl nicht gesetzlich vorgeschrieben, ist eine monatliche Information des Fonds bzw. ETFs gängig. Im Factsheet finden sich übersichtliche Daten wie laufende Kosten (TER), monatliche und jährliche Rendite sowie die größten Aktienpositionen. Ebenfalls enthalten ist die ISIN (International Securities Identification Number), mit ihr kann jedes Wertpapier weltweit identifiziert werden.

Gekauft wird ein offener Investmentfonds direkt von der Fondsgesellschaft, er wird also nicht an der Börse gehandelt. Der Preis eines Anteils wird täglich fixiert und ist in der Regel erst am Folgetag bekannt. Die Fondsgesellschaft muss jederzeit Fondsanteile zurückkaufen, wenn der Kunde sie verkaufen will. Zu welchem Kurs dies geschehen ist, ist ca. zwei Tage nach dem Verkaufsauftrag im

Depot ersichtlich. Das Prozedere unterscheidet sich vom Handel eines ETFs, der über die Börse geschieht. Der fixierte Kurs ist dort sofort bekannt.

Aktive Fonds: Kosten, Kosten, Kosten

Wie hoch sind die laufenden Kosten für aktive Aktienfonds? Die Ratingagentur Morningstar hat 2019 einen Wert von 1,9 % bei reinen Aktienfonds und 1,8 % p. a. bei Mischfonds festgestellt. Die Berechnungen der Österreichischen Finanzmarktaufsicht (FMA) untermauern dieses Zahlenwerk.

Tabelle 11: durchschnittliche jährliche Kosten aktiver Fonds-Produkte

	Anleihenfonds	Mischfonds	Dachfonds
laufende Kosten p. a.	0,62 %	1,32 %	1,38 %
Transaktionskosten p. a.	0,16 %	0,10 %	0,07 %
Gesamtkosten p. a.	0,78 %	1,42 %	1,45 %

Quelle: Österreichische Finanzmarktaufsicht (2024)

Anleihenfonds, früher Rentenfonds genannt, investieren in einen Anleihenkorb. Da die Renditen bei Anleihen in der Regel niedriger sind als bei Aktien, wirken sich hier die Kosten in Relation zum Ergebnis stärker aus. Sichere Anleihen sollten der Anker eines Depots sein, die Kostenoptimierung eine Pflicht. Alternativen sind Anleihen-ETFs, die dasselbe tun wie Anleihenfonds – nur günstiger.

Mischfonds, die häufig auf einen Mix von Aktien und Anleihen setzen, operieren mit einer Aktienquote von ca. 10 bis 75 % (defensive oder offensive Ausrichtung). Sie sind mittlerweile etwas cooler geworden und heißen Multi-Asset-Fonds. In Österreich sind Mischfonds die erste Wahl der Anleger, in ihnen sind laut FMA 2024 knapp 42,4 Milliarden Euro veranlagt und damit deutlich mehr als in Aktienfonds (28,8 Milliarden). Ihre Gebühren sind nur unwesentlich niedriger als bei Aktienfonds. Da der Anleihen-Teil aber eine bescheidenere Rendite erzeugt, wissen Sie, was kommt: Magere Rendite, dafür teuer. Arme Österreicher.

Dachfonds wählen mehrere Fonds (die meist aus dem eigenen Fonds-Programm der Kapitalanlagegesellschaft stammen) und verschnüren diese zu einem Paket. Sie sind der zwischenzeitliche Supergau der vorgestellten Fonds-Landschaft. Zu den hohen Gebühren der Einzelfonds kommt als Sahnehäubchen ein zusätzlicher Kostenblock. Leider ist die Performance der Dachfonds noch schlechter als die Performance reiner Aktienfonds.

Fazit: Was die Kosten aktiven Investierens betrifft, gibt eine schlechte Nachricht der anderen die Hand.

Aktive Aktienfonds: weitere Belege für ihr Scheitern

Wissenschaftliche Fakten sollten die Grundlage unserer Investment-Entscheidungen sein. S&P vergleicht seit 2002 aktiv gemanagte Investmentfonds mit dem Index, der alle Aktienwerte eines Landes, einer Region oder eines Kontinents umfasst. Sie nannten diese Bewertung SPIVA Scorecard (SPIVA = S&P Indices Versus Active) und ihre Aussagekraft ist enorm.

Sie erinnern sich sicher an das Beispiel aus dem Grundlagenteil dieser Untersuchung: Der durchschnittliche weltweit anlegende Aktienfonds hat um 4 % schlechter als der Index abgeschnitten: 7,5 % Aktienfonds, 11,5 % Index.

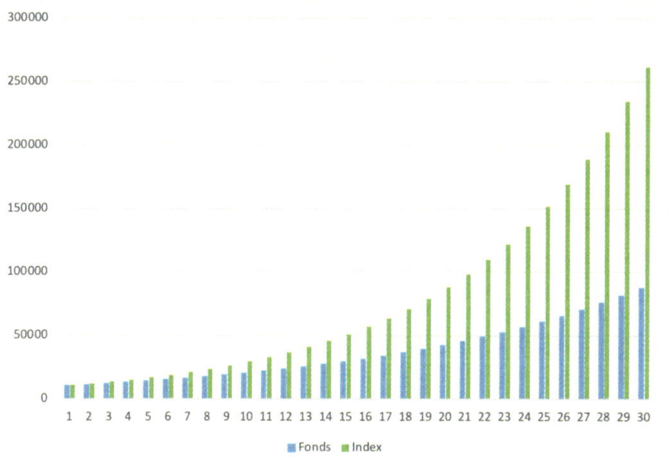

Betrachten Sie bitte die Grafik und den gewaltigen Unterschied. Nach 30 Jahren hätte der Index bei einer einmaligen Investition von 10.000 Euro beinahe 262.000 Euro erzielt, während der aktive Fonds bei 87.500 Euro gelandet wäre.

Dass aktive Fonds so gut wie chancenlos sind, gegen den Index zu bestehen, ist tausendfach bewiesen. Doch es gibt auch Analysen zum Anlegerverhalten, die nicht minder interessant sind. So belegten die US-Wirtschaftswissenschaftler Geoffrey Friesen und Travis Sapp, dass amerikanische Fonds-Investoren zwischen 1991 und 2004 eine Rendite von 6,1 % erreichten, während die Fonds im Schnitt 7,7 % abwarfen (Index: 12,3 %). Fonds-Anlegern gelingt es nicht einmal, die Fonds-Renditen, die schon beträchtlich unter den Marktrenditen liegen, zu erreichen, weil sie die Fonds zu ungünstigen Zeitpunkten kaufen und verkaufen. Selbst hier wäre es besser, das Handeln zu unterlassen und langfristig investiert zu bleiben.

Ein gerne vorgebrachtes Argument von Fondsmanagern und Vertriebsmitarbeitern betrifft angeblich weniger informationseffiziente Märkte, die man besser outperformen könne. Darin steckt ein gewisser Widerspruch, denn dann müsste man von den effizienten Märkten gleich die Finger lassen. Werfen wir ungeachtet dessen einen Blick auf die Schwellenländer.

Tabelle 12: europäische aktive Aktienfonds, die Index nicht schlagen (Schwellenländer)

Kategorie Aktienfonds	2019 bis 2023 (fünf Jahre)	2014 bis 2023 (zehn Jahre)
Schwellenländer	81,5 %	96,5 %

Quelle: S&P Dow Jones SPIVA Europe Scorecard Year-End 2023, Index: S&P/IFCI Composite

Das mag gut klingen, doch die Realität ist eine andere. Geringere Liquidität und hohe Volatilität machen den Handel in den Schwellenländern (Emerging Markets) noch herausfordernder und teurer. Das Ergebnis für aktive Fonds ist ein erneutes Debakel: auf 10-Jahres-Sicht schneiden 96,5 % schlechter ab als der Markt.

Durchhaltevermögen aktiver Fonds

S&P hat auch hier Hilfreiches zu bieten, die Europe Persistence Scorecard zielt auf die Dauerhaftigkeit von guten aktiven Fonds-Ergebnissen ab. Die einleitenden Worte der Studie sprechen für sich: »Lassen sich Anlageergebnisse auf Geschick oder Glück zurückführen? Echtes Geschick ist eher von Dauer, während Glück zufällig und flüchtig ist.«

Im Detail wurde u. a. das beste Viertel der aktiven Fonds eines Jahres ausfindig gemacht und in vier Folgejahren beobachtet. Wie vielen Fonds gelingt es, in der Folgeperiode wieder zum Viertel mit der besten Performance zu gehören?

Tabelle 13: Entwicklung des besten Viertels (aktive Top-25 %-Aktienfonds)

Kategorie Aktienfonds	Dez. 2020 nach Jahr 1	Dez. 2021 nach Jahr 2	Dez. 2022 nach Jahr 3	Dez. 2023 nach Jahr 4
Industrieländer, global	48,3 %	11,9 %	1,1 %	0,7 %
USA	48,2 %	7,4 %	0 %	0 %
Europa	51,2 %	21,3 %	0 %	0 %

Quelle: S&P Dow Jones Europe Persistence Scorecard Year-End 2023

Nach fünf Jahren sind im globalen Segment 0,7 % an Fonds übrig, bei US- und Europa-Aktienfonds nicht ein einziger. Daraus lässt sich ableiten, dass die Gewinner-Fonds ständig wechseln und es kaum Konstanz gibt. Es wird somit zum Ding der Unmöglichkeit, den Top-Fonds herauszufiltern, der über viele Jahre erfolgreich ist. Praktisch kein Fondsmanager schafft es, fünf Jahre in Folge im besten Viertel zu sein.

Die aktive Investmentbranche kämpft darum, dass das Kartenhaus namens »aktives Investieren« weiterhin Bestand hat. Angesichts dessen grenzt es an ein Wunder, dass passives Investieren überhaupt möglich geworden ist, zeigt aber auch die Kehrseite eines erfolgreichen Kapitalismus: Sinnvolle neue Produkte setzen sich auch gegen Widerstände durch.

Das vollendete Dilemma zeigen »heimliche« Indexfonds, auch von Index-Huggern ist die Rede. Aktive Aktienfonds realisieren, dass sie den Markt nicht schlagen können, also bilden sie ihn einfach nach – und verlangen weiterhin die hohen Gebühren für aktives Management. Zum Ärger für die Index-Kuschler fällt es extrem auf, wenn sich der aktive Fonds genau gleich wie der Index bewegt. Diese notdürftige Reparatur taugt nicht als Dauerlösung.

»Die große Mehrheit der Investmentfonds knöpfen Anlegern enorme Summen für eine schockierende Minderleistung ab«, äußerte David Swensen in einem Gespräch mit dem amerikanischen Motivations-Coach Tony Robbins. Swensen ließ als Investmentdirektor den Stiftungs-Fonds der Universität Yale von einer Milliarde Dollar auf über 40 Milliarden anwachsen (1985 – 2021). Er muss es wissen.

Bei einem lebensbegleitenden Finanzprodukt geht es um Unsummen, die der Kunde im Vergleich zu einer kostenschonenden Anlage unnötig verliert. Es existieren nur wenige Finanz-Honorarberater, die wirkliche Beratungsleistung verkaufen, weil sich mit stundenweiser Beratung weniger Geld verdienen lässt als mit Provisionen. Dass

Provisionen letztlich meist mehr kosten als das Stundenhonorar, ist den Menschen nicht bewusst.

In Großbritannien und den Niederlanden wurde 2013 ein Provisionsverbot für Finanzprodukte verhängt. Untersuchungen der nationalen Finanzministerien (2017 bzw. 2018) haben ergeben, dass sich dadurch die Beratungsqualität in beiden Ländern deutlich verbessert hat. Der starken europäischen Finanzlobby gefällt das gar nicht, sie kämpft mit PR-Meldungen gegen eine einheitliche EU-Regelung und warnt vor Beratungslücken.

Im Fall eines Aktienfonds besteht neben dem Ausgabeaufschlag eine jährliche Bestandsprovision, solange der Fonds im Bestand des Anlegers verbleibt. Banken und Vermittler erhalten von Fondsgesellschaften diese jährliche Vergütung. Sie steckt in den laufenden Kosten des Fonds (TER) und wird selten ausgewiesen. Die KAG entnimmt sie der Verwaltungsgebühr und lässt sie der vermittelnden Bank zukommen, man spricht auch von »Kickback«. Es würde für mehr Transparenz sorgen, wenn diese Gebühr immer ausgewiesen wäre. Besonders peinlich für die aktive Fonds-Industrie ist, dass der Branchenpreis »Morningstar Award for Investing Excellence 2024« in der Kategorie Mischfonds an einen ETF von Vanguard ging, der zu 60 % in Aktien und zu 40 % in Anleihen investiert, den Vanguard LifeStrategy 60 % Equity (ISIN IE00BMVB5P51). Der ETF war besser als alle aktiven Fonds.

Die Wette

Das internationale Wirtschaftsmagazin »Forbes« errechnete 2023 die Zahl von 47 Hedgefonds-Managern, die Milliardäre sein sollen. Sie kaufen Baseball- und Footballteams, amerikanische Business-Schools tragen aufgrund von Spenden ihre Namen.

Gelingt einem Hedgefonds ein spektakuläres Jahresergebnis, ist ihm Medienrummel gewiss. Als die Unternehmensgruppe LCH, die Dachfondsrenditen analysiert, verkündete, dass der »Citadel«-Hedgefonds »Wellington« 2022 in Summe 16 Milliarden Dollar Gewinn verzeichnete (38,1 % Jahresrendite), gab es kein Halten mehr. »Citadel«-Chef Ken Griffin wurde von der Finanzpresse umgehend zum König der Hedgefonds gekrönt. Von schlechten Ergebnissen erfährt die Öffentlichkeit weniger, doch es gibt immerhin Insider, die die Schattenseite der glitzernden Hedgefonds-Welt aufzeigen und Hedgefonds-Indizes, die die eher traurigen Renditen durchsickern lassen.

Dennoch gelingt es Hedgefonds in den USA, große Investoren zu ködern. Sie versprechen Exklusivität und stehen nur den Reichsten offen. Angesichts der hohen Gebühren von mindestens 2 % p. a. und zusätzlichen Performance-Abgeltungen verwundert es nicht, dass Hedgefonds-Manager aufgrund einer Beteiligungsstruktur zum Teil Jahresgehälter in Milliardenhöhe einstreichen.

Ob selbst die besten Hedgefonds den Marktindex schlagen, ist aufgrund ihrer Intransparenz nicht nachvollziehbar; es ist aber anzuzweifeln. Besser nachvollziehbar ist der Personenkult um die Stars der Szene: Dass sie selbst steinreich sind, steht außer Frage. Das sind sie aber durch die hohen Gebühren geworden, die vor allem institutionelle Anleger gezahlt haben.

Dabei ist der dubiose Ruf vieler Hedgefonds hochverdient. Der Großteil veröffentlicht keine Zahlen, sie sind gesetzlich kaum reguliert, bieten keinen Anlegerschutz und nutzen Fremdkapital. Hedgefonds sind bereit, hohe Risiken einzugehen, um überdurchschnittliche Anlageerfolge zu erreichen. Die Anlagestrategien gehen über die üblichen Strategien von aktiven Fonds hinaus. Dazu gehört z. B. das Setzen auf fallende Kurse und damit Leerverkäufe (von geliehenen Aktien) sowie das Ausnutzen eines Hebeleffekts (»Leverage«). Da mit sehr viel Fremdkapital agiert wird, kann dies verheerende Auswirkungen haben, wie die Finanzkrise 2008 gezeigt hat, als weit über 1.000 Hedgefonds geschlossen werden mussten. Wenn die Modelle der Hedgefonds versagen, kann der Totalverlust des investierten Kapitals eintreten. Die Fehleinschätzung von Risiken oder eine zu geringe Eigenkapitalquote sorgen wiederholt für Totalschäden.

Aus gutem Grund sind Hedgefonds in Österreich verboten. Ansätze findet man in der Gruppe der alternativen Investmentfonds, von denen jeder Privatanleger Abstand halten sollte.

Der weitsichtige Warren Buffett hat am 19. Dezember 2007 eine Wette abgeschlossen, die mit größter Aufmerksamkeit von der Finanzwelt verfolgt wurde. Er nannte sie »the bet« und informierte darüber umfassend im Jahresbericht seines Unternehmens »Berkshire Hathaway«.

Buffett wettete mit dem Hedgefonds-Spezialisten Protégé Partners, dass ein Indexfonds auf den S&P 500 (er entschied sich für den Vanguard 500 Index Fund), der die 500 größten börsennotierten US-Unternehmen enthält, besser abschneiden würde als ein Hedgefonds-Portfolio. Eine Zehnjahresperiode (2008 bis 2017) wurde fixiert, Buffetts Gegner wählte fünf breit gestreute Dachfonds, die Anteile an 200 Hedgefonds hielten. Der Erlös des Pots von einer Million Dollar, der in Berkshire-Aktien investiert wurde und letztlich über 2 Millionen Dollar betrug, ging an ein karitatives Mädchen-Projekt in Omaha. Buffett wollte beweisen, dass ein breit gestreuter Indexfonds besser sein kann als »eine Elitetruppe mit Köpfchen, Adrenalin und Selbstvertrauen« und fragte: »Amerikanische Anleger zahlen jedes Jahr enorme Summen an Berater, wobei oft Folgekosten auf mehreren Ebenen anfallen. Bekommen diese Anleger insgesamt etwas für ihr Geld?«

Die Antwort sehen Sie nun vor sich. Sie lautet: Nein.

Tabelle 14: The bet – Endergebnis

	Fonds A	Fonds B	Fonds C	Fonds D	Fonds E	S&P 500 Indexfond
2008	- 16,5 %	- 22,3 %	- 21,3 %	- 29,3 %	- 30,1 %	- 37,0 %
2009	11,3 %	14,5 %	21,4 %	16,5 %	16,8 %	26,6 %
2010	5,9 %	6,8 %	13,3 %	4,9 %	11,9 %	15,1 %
2011	- 6,3 %	- 1,3 %	5,9 %	- 6,3 %	- 2,8 %	2,1 %
2012	3,4 %	9,6 %	5,7 %	6,2 %	9,1 %	16,0 %
2013	10,5 %	15,2 %	8,8 %	14,2 %	14,4 %	32,3 %
2014	4,7 %	4,0 %	18,9 %	0,7 %	- 2,1 %	13,6 %
2015	1,6 %	2,5 %	5,4 %	1,4 %	- 5,0 %	1,4 %
2016	- 3,2 %	1,9 %	- 1,7 %	2,5 %	4,4 %	11,9 %
2017	12,2 %	10,6 %	15,6 %	-	18,0 %	21,8 %
10 Jahre	**21,7 %**	**42,3 %**	**87,7 %**	**2,8 %**	**27,0 %**	**125,8 %**
Schnitt p. a.	**2,0 %**	**3,6 %**	**6,5 %**	**0,3 %**	**2,4 %**	**8,5 %**

Quelle: Berkshire Hathaway. Annual Report 2017

Die Hedgefonds waren trotz ihrer Methodik, dem Umschichten in vermeintlich bessere Fonds, und ihrer Investmentkompetenz chancenlos. Selbst von der Finanzkrise konnten sie kaum profitieren, obwohl sie nicht unwesentlich auf fallende Kurse setzten, nur meist nicht zum richtigen Zeitpunkt. Durchschnittliche 2,5 % Gebühren haben das Ergebnis nochmals verschlechtert – für die Anleger, nicht für die Manager. Ein Fonds wurde nach neun Jahren wegen Erfolglosigkeit aufgelöst; hier wurde der 9-Jahres-Schnitt berechnet.

So wären aus einem Indexfonds-Dollar nach zehn Jahren 2,26 Dollar geworden (8,5 % p. a.); beim durchschnittlichen Hedge-Dachfonds hätten gerade einmal 1,38 Dollar (3,3 % p. a.) herausgeschaut. Die Namen der Fonds wurden nie veröffentlicht; das war Teil der Vereinbarung. Keiner der fünf Fonds hat auch nur annähernd die Rendite des S&P-Indexfonds erreicht.

Würden sie uns nicht um unser hart verdientes Geld bringen, müsste man fast Mitleid mit aktiven Aktienfonds haben, die in den liquiden Märkten gegen vergleichbare Aktien-ETFs chancenlos sind. Hohe Kosten und ein provisionsbasiertes System haben lange genug Privatanleger von guten Renditen abgehalten. ETFs bilden eine hervorragende Alternative.

14. DIE WELT DER ETFS

»Sie können 1024 Leute in einen Raum stecken und Münzen werfen lassen. Es wird einer darunter sein, der zehnmal hintereinander Kopf wirft. Und dann sagen Sie: Mensch, der hat aber Glück. Richtig? Im Investmentgeschäft sagen Sie dagegen: Was für ein Genie.«

John C. Bogle

Eine Revolution – die Entstehung der Indexfonds

Schon Anfang der 1950er Jahre wurden die Grundsteine für Index-Investing gelegt. Ein junger Princeton-Absolvent namens John C. Bogle erkannte, dass die Performance von Fondsmanagern zu wünschen übrig ließ. Doch die Zeit war noch nicht reif für eine Revolution.

Ein erster Schritt gelang 1971 der Wells Fargo Bank in einem Pilotprojekt. Sie errichtete für den Kofferhersteller Samsonite eine betriebsinterne Pensionskasse auf Basis der etwa 1.500 an der New Yorker Börse gelisteten US-Unternehmen. Noch war die Verwaltung schwierig, und die Transaktionskosten waren hoch, denn die beste Nachbildung des Marktes gelang, indem man alle verfügbaren Aktien kaufte. Es steckte also derselbe Betrag in jeder Aktie, ungeachtet ihrer Größe bezüglich der Marktkapitalisierung.

Wirtschaftsnobelpreisträger Paul Samuelson riet 1974 in einem Artikel, dass große Stiftungen den S&P 500 nachbilden sollten, damit Portfolio-Manager, die er als

»Revolverhelden« bezeichnete, ihre Fähigkeiten messen können.

John Bogle gründete 1975 Vanguard, benannt nach dem Flaggschiff von Admiral Horatio Nelson (1758–1805). Er traf eine kluge Entscheidung, indem er das Unternehmen rechtlich als genossenschaftliche Vermögensverwaltung ausrichtete. Damit war es nicht an der Börse notiert und nur seinen Anlegern verpflichtet. 1976 brachte Bogle den »First Index Investment Trust« auf den Markt, der später in »Vanguard 500 Index Fund« umbenannt wurde. Er ist an die 500 Unternehmen des 1957 gegründeten S&P 500 gekoppelt.

Das Produkt startete erfolglos; die 70er Jahre waren eine schlechte Zeit für Aktien, und die Investmentbranche amüsierte sich über Bogles Schnappsidee. Doch die Zeiten änderten sich, und Vanguard wurde zum Schwergewicht.

Einen weiteren Meilenstein bedeutete der erste ETF in den USA, denn damit waren Indexfonds direkt an der Börse handelbar. State Street Global Advisors etablierte mit dem SPDR S&P 500 ETF 1993 den ersten börsengelisteten ETF in den USA. Er ist mit über 500 Milliarden Dollar investiertem Kapital bis heute der größte der Welt. In Europa startete die ETF-Erfolgsgeschichte im Jahr 2000. Die jährlichen Gebühren der großen US-ETFs von BlackRock, Vanguard und State Street sind unglaublich niedrig – sie liegen bei 0,03 %. Für die Anleger ist diese Minimierung von Kosten ein Segen, der die anlegerfreundlichste Seite des Konkurrenzdrucks offenbart.

Geringe Kosten und eine gute Performance sind ideale Zutaten für ein langfristig wohlschmeckendes Investment. Hätten Sie im US-Markt von 1950 bis 2020 den schlechtesten oder besten Einstiegszeitpunkt einer Einjahresperiode erwischt, wären Ihre Aktien im besten Fall um 52,6 % gestiegen oder im schlechtesten Fall um 37 % gefallen – ein enormes Risiko. Hätten Sie den ETF aber 20 Jahre gehalten, hätten Sie im besten Fall 18,9 % Rendite gemacht und im schlechtesten Fall 6,5 %. Durchschnittlich hätten Sie in beiden Fällen gut 10 % Gewinn p. a. gemacht.

Relevant daran ist, dass selbst ein katastrophaler Einstiegszeitpunkt (z. B. kurz vor der Dotcom-Blase 2000 oder der Finanzkrise 2008) Sie zu einem langfristigen 6-%-Gewinner p. a. gemacht hätte. Deshalb kommt dem S&P 500 in den USA eine so tragende Bedeutung zu. Im Durchschnitt hat der Index in den letzten 70 Jahren in Dollar eine jährliche Rendite von über 10 % vor Steuern abgeworfen.

ETF-Knowhow für Fortgeschrittene

Thesaurierende und ausschüttende ETFs

Wir haben es schon gehört: Manche Aktiengesellschaften schütten Dividenden aus, während andere ihre Gewinne lieber direkt investieren. Sowohl die Kurse als auch die Ausschüttung der Dividenden sind variabel, denn jedes börsennotierte Unternehmen legt die Dividenden jährlich neu fest. Ihre Höhe hängt von verschiedenen Faktoren, u. a. von der derzeitigen Marktlage und Erfolgsbilanz, ab.

Entscheidend ist aber: Auch Dividenden erhöhen das Kapital der Anlage Jahr für Jahr. Aus diesem Grund sollte man bei einem langfristig geplanten Vermögensaufbau immer einen thesaurierenden ETF wählen, der die Dividenden im ETF belässt und nicht ausschüttet. Der Anleger profitiert dadurch doppelt.

Ausschüttende ETFs haben eher eine psychologische Wirkung, im Falle von Dividenden-Einzelaktien ebenfalls beobachtbar. Der Anleger betrachtet den Dividenden-Eingang auf seinem Girokonto und freut sich kurz über einen Eingang.

Die grundlegendste Formel beim Verständnis von Aktien besteht darin, dass die Summe aus Kursgewinnen und Dividendenrendite den Gesamtertrag ausmacht. Für Dividenden-Aktien in einem ETF gilt, dass Dividendenerlöse entweder im Vermögen des ETFs verbleiben oder in regelmäßigen Abständen an den Anleger gehen.

Beachten Sie bitte folgende Grafik:

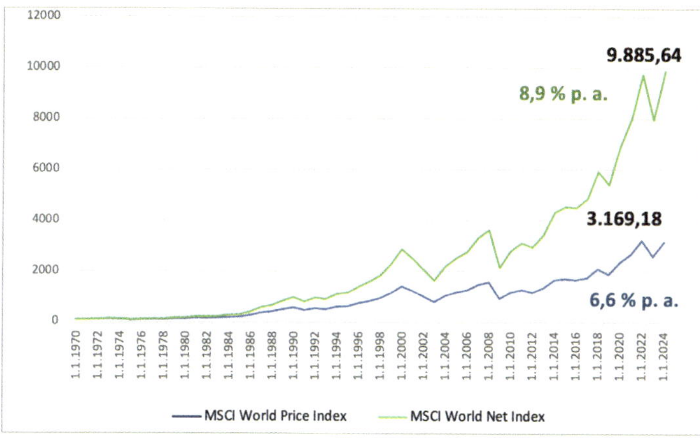

Quelle: MSCI. Der MSCI World Index wurde am 31. März 1986 aufgelegt. Bei älteren Daten handelt es sich um Berechnungen, wie er sich entwickelt hätte, wenn es ihn gegeben hätte.

Die Grafik offenbart die Auswirkungen von Dividenden. Der MSCI World Netto-Index hat in 54 Jahren eine Durchschnittsrendite von 8,9 % p. a. erreicht, während der MSCI World Kurs-Index 6,6 % p. a. verzeichnete.

Der Netto-Index zeigt die Rendite inklusive Dividenden (nach Abzug der Quellensteuern), während der MSCI World die Rendite ohne Dividenden abbildet. In diesem Fall sieht die Gesamtrendite so aus:

Kursgewinne 6,6 % + Dividendengewinne 2,3 % = Gesamtrendite 8,9 %

Die Wahl eines thesaurierenden ETFs ist also die beste Lösung, und zwar deshalb:

- Die Dividenden verbleiben im Fonds, der Wert des ETFs erhöht sich und somit profitiert der Anleger ideal vom Zinseszinseffekt.
- Der Anleger muss sich nicht um die erneute Veranlagung der ausgeschütteten Dividenden kümmern.
- Es entstehen keine neuen Kosten im Rahmen einer Wiederveranlagung.
- Die Gefahr, dass Dividendenerträge auf dem Girokonto versauern, ist gebannt.

Der Begriff ist gut gewählt, denn ein antikes griechisches Schatzhaus, in dem wertvolle Weihegaben lagerten, wurde als Thesaurus (bzw. griechisch *thesauros*) bezeichnet.

Dennoch haben ausschüttende Fonds viele Fans: bei Aktien mit hohen Dividenden ist von »Dividendenadel« die Rede. Die Attraktivität von Aktien mit hohen Dividendenrenditen dürfte auf den psychologischen Effekt, regelmäßig Einkünfte zu bekommen, zurückzuführen sein. In den letzten 20 Jahren haben die Adeligen weltweit betrachtet aber niedrigere Renditen als der Gesamtmarkt abgeworfen.

Somit bleibt nur ein Argument für die ausschüttende Variante eines ETFs: Für einen Anleger, der im Ruhestand sein Erspartes aufzehren will, könnten die Dividenden quasi einen Entnahmeplan ersetzen. Das wird in der Praxis jedoch nur in den seltensten Fällen gelingen; die Ausschüttungen werden entweder zu hoch oder zu niedrig ausfallen. Sollten sie zu hoch sein, muss das Geld wieder veranlagt werden, und es fallen erneut Kosten an. Sollten sie zu niedrig sein, müssen weitere Anteile dieser oder einer anderen Anlage veräußert werden.

ETFs und ihre Verwandten

Es muss angemerkt werden, dass ETFs dann ein sinnvolles Investment sind, wenn es zu einer weltweiten Diversifizierung kommt und eine langfristige Anlagestrategie gewählt wird. Auch ein schlankes und sicheres Produkt bewahrt nicht vor Fehlern und Risiken.

Einen ETF erkennen Sie an seiner Bezeichnung; achten Sie ebenso auf die UCITS-Kennzeichnung. Die Produkte der größten Anbieter sind nicht automatisch besser; einen guten Anhaltspunkt geben der Vergleich der laufenden jährlichen Kosten sowie die vergangenen realen Kosten.

Da kleinere ETFs, falls sie wenige Anleger finden, geschlossen werden können, empfiehlt es sich, auf ein entsprechendes Fondsvermögen zu achten, das im Factsheet der ETFs ausgewiesen ist. Das Anlagevolumen sollte als Richtwert mindestens 100 Millionen Euro bzw. Dollar betragen. Beliebte ETF-Produkte bewegen sich in der Regel im Milliardenbereich.

Die folgende Tabelle fasst die ETF-Vorzüge kurz zusammen:

Tabelle 15: Kurzbetrachtung ETFs

UCTIS ETFs: rechtliche Sicherheit	weitere Vorteile von ETFs
• UCITS-Fonds (strikt reguliert) • Sondervermögen (kein Emittentenrisiko, Schutz vor Insolvenz der KAG) • 90 % müssen in liquide Wertpapiere investiert werden (keine Leerverkäufe) • keine Einzelposition darf 10 % überschreiten • Kreditaufnahme nicht zulässig (nur vorübergehend in geringem Umfang)	• transparent: physische ETFs bilden Indizes ab und sind übersichtlich und verständlich • unkompliziert: der zeitliche Aufwand ist für langfristige Anleger minimal • kostengünstig: Kaufnebenkosten und laufende Kosten sind sehr niedrig • leicht verpackt: unnötig teure Konstruktionen werden vermieden

Im Gegensatz zu ETFs gibt es verwandte Finanzprodukte, die wesentliche Unterschiede aufweisen. Sie zählen, wie ETFs, zu den ETPs (Exchange Traded Products).

ETCs (Exchange Traded Commodities) und ETNs (Exchange Traded Notes) sind im Grunde Bankschuldverschreibungen, die an der Börse gehandelt werden; man könnte sagen, Anleihen ohne Zinszahlungen. Sie sind keine UCITS-Fonds, kein Sondervermögen und können Fremdkapital aufnehmen. Da ihnen die breite Diversifizierung fehlt, können sie als UCITS-ETF nicht zugelassen werden. Es handelt sich um komplexere Produkte mit höheren Risiken, die für Privatanleger nur bedingt geeignet sind. Was das verwaltete Vermögen betrifft, wird in ETCs deutlich weniger investiert als in ETFs. ETNs stellen einen sehr kleinen Teil des gesamten Kuchens dar.

Tabelle 16: ETCs und ETNs

ETPs (Exchange Traded Products)	
ETCs (Exchange Traded Commodities)	ETNs (Exchange Traded Notes)
• Bankschuldverschreibungen • investieren in Rohstoffkörbe, einzelne Rohstoffe und Edelmetalle • meist vollständig besichert, u. a. durch physische Edelmetall-Bestände (z. B. Gold bei Treuhänder hinterlegt, Anleihen, Bareinlagen)	• Bankschuldverschreibungen • Krypto-ETNs: Investieren in Kryptowährungs-Körbe oder einzelne Kryptowährung (z. B. Bitcoin); sie sind meist vollständig besichert, u. a. durch reale Bestände der Kryptowährung • andere ETNs: oft intransparente, kuriose Produkte auf Basiswert (z. B. Index oder Asset) mit hohem Risiko und hohen Kosten

Wer in Gold oder Kryptowährungen investieren will, kann dies über ETCs oder ETNs tun; das sind die Alternativen zu einem physischen Kauf bzw. bei Kryptowährungen zu einer Wallet *(siehe Kapitel 16: Kryptowährungen)*. Wichtig ist, die vollständige Besicherung der Werte zu überprüfen, wenn man diesen Weg gehen will.

Informationsportale wie »justetf.com« zeigen dies transparent an und weisen zum Teil nur besicherte Produkte aus. Man kann auch über ETFs in Rohstoff-Körbe (oder Rohstoff-Unternehmen) investieren, allerdings nicht in einzelne Rohstoffe.

Ich möchte nur kurz erörtern, warum wir uns mit »anderen ETNs« – abgesehen von den oft hohen Kosten und der mangelnden Transparenz – nicht lange aufhalten sollten.

Als Lehman Brothers 2008 sein unrühmliches Ende nahm, waren seine ETNs aufgrund der Insolvenz praktisch wertlos. Vergleichbares ereignete sich bei der nach argen Turbulenzen in der UBS aufgegangenen Schweizer Großbank Credit Suisse und ihrer ETN-Linie »VelocityShares«, die 2023 Geschichte war.

Arten der ETF-Replikation

Der wichtigste Grund, warum ETFs erfreulich niedrige Kosten haben: Sie bilden lediglich einen Index ab bzw. nach. Doch auch dies will gelernt sein, und es fallen Lizenzierungskosten für die Kapitalanlagegesellschaft an, die an die Indexanbieter bezahlt werden müssen; die größten sind MSCI, S&P Dow Jones und FTSE Russell. Zu unserem Glück sind ETF-Anbieter wahre Meister in der Kostenoptimierung.

Es gibt dabei drei Möglichkeiten, wie in der ETF-Praxis ein Index nachgebildet wird (Fachbegriffe in Klammer).

Tabelle 17: Index-Nachbildung, Varianten

ETFs: Nachbildung eines Index		
tatsächlich (physisch)		künstlich (synthetisch)
genaue Nachbildung (vollständige Replikation)	**Auswahl wichtiger Werte** (optimiertes Sampling)	**Nachbildung über Tausch** (synthetische Replikation)
genaue Nachbildung der Werte, die im Index enthalten sind (Kauf der Wertpapiere)	ETF investiert in wichtige Werte; Werte, die minimalen Index-Anteil ausmachen, werden vernachlässigt	Nachbildung über Tausch (»Swap«); bei Nischenmärkten oder Spezial-ETF – Ziel: Kostensenkung

Die genaue Nachbildung (vollständige Replikation) ist die einfachste, klarste und nachvollziehbarste Form. Der ETF kauft alle Werte des Index.

Auswahl wichtiger Werte (optimiertes Sampling): Der ETF kauft die wichtigen, relevanten Werte des Referenzindex, die Schwergewichte. Er erreicht dennoch ein ähnliches Ergebnis wie der betroffene Index, da die kleinsten Werte kaum Einfluss auf die Gesamtentwicklung haben.

Nachbildung über Tausch (synthetische Replikation): Ein Tauschgeschäft findet zwischen dem ETF-Anbieter und einem Kreditinstitut statt. Dem ETF-Portfolio steht ein Trägerportfolio mit anderen Aktien gegenüber. Das Kreditinstitut garantiert die Rendite des ETF-Portfolios. Die Portfolios werden regelmäßig getauscht und die Tauschpartner liefern sich gegenseitig die Renditen ihrer Portfolios. Da der Handel in wenig liquiden Märkten und Nischenmärkten hohe Kosten verursacht, wird diese Variante gewählt.

Dass die meisten Anleger lieber zu physisch nachbildenden ETFs greifen, ist wohl der Transparenz geschuldet – und das ist gut so. Eine der sinnvollsten Grundregeln für Privatinvestoren lautet: Investieren Sie nur in Produkte, die Sie verstehen. Denn man kann auch sehr gute Renditen erzielen, ohne sich zu Tode zu optimieren.

ETFs, die wir nicht brauchen

In die Riege sinnvoller ETFs haben sich leider einige schwarze Schafe eingeschlichen. Diese ETF-Kuckuckseier enttarnen wir nun.

Sie haben alle eine Gemeinsamkeit, denn sie widersprechen unseren Investitionsprinzipien, die auf einer breit gestreuten Anlage samt Risikobegrenzung aufbauen. Wenngleich ETFs niedrigere Kosten als aktive Fonds haben, können »falsche« ETFs zum Teil genauso unbrauchbar sein wie aktive Fonds, sozusagen etwas günstiger nutzlos.

Wir sprechen von folgenden Gesellen:

- ETFs mit hohen Gebühren und Ausgabeaufschlägen (selten, aber es gibt sie)
- Themen-, Nischen-, Branchen-ETFs: Als Randfiguren sind sie für eine breite Diversifikation nicht geeignet; das gilt u. a. für Energie-, Cannabis- oder Wellness-ETFs.
- Leveraged ETFs: Hierbei handelt es sich um gehebelte ETFs; sie hebeln Ertrag und Risiko. Durch den Einsatz von Derivaten, z. B. Optionen, kann diese Hebelwirkung erreicht werden. Der ETF kann dann im Verhältnis 2:1 oder 3:1 zum Markt steigen oder fallen. Hebel-Produkte sind unberechenbar und für Privatanleger ungeeignet; der Großteil verliert Geld damit.
- Inverse oder Short-ETFs: Sie sind der Treppenwitz der ETF-Geschichte, eine Umkehrung des Prinzips eines langfristig steigenden Portfolios. Hier wird versucht, von einem Abwärtstrend zu profitieren, denn es wird auf fallende Kurse gesetzt. Inverse Investments steigen im Wert, wenn der Index fällt.

Da Leveraged-ETFs und Short-ETFs auf kurzfristige Vorteile und schnelles, hektisches Agieren abzielen, sind sie, abgesehen von ihrer Unberechenbarkeit, mit einer langfristigen Strategie unvereinbar.

Ihr ETF-Depot: Das gilt es zu beachten

Besteuerung von Fonds und ETFs (Österreich)

Hinsichtlich der steuerlichen Behandlung beschränke ich mich auf die relevanten Fakten. Ich vereinfache den steuerlichen Zusammenhang, damit er verständlich bleibt.

Investmentfonds und ETFs (Meldefonds) werden in Österreich wie folgt besteuert:

ordentliche Erträge: Dividenden (bei Aktienfonds) und Zinsen (bei Anleihenfonds) werden mit 27,5 % KESt besteuert.

außerordentliche Erträge: Bei thesaurierenden Fonds werden Kursgewinne (Gegenverrechnung mit Kursverlusten) als ausschüttungsgleich betrachtet und jährlich besteuert: 60 % (von 27,5 % KESt), de facto 16,5 %.

Die noch unversteuerten 40 % (de facto 11 %) fallen erst beim Verkauf des Fonds bzw. ETFs an. Die aktuellen Steuergesetze sehen also vor, dass es zu keiner weiteren Besteuerung kommt, solange das Produkt nicht verkauft wird – das ist ein nicht zu verachtender Steuervorteil.

Während bei ausschüttenden Fonds Ausschüttungen zum Zeitpunkt der Ausschüttung zu versteuern sind, wird bei thesaurierenden Fonds jährlich ein Meldestichtag festgelegt.

Im Seminar präsentiere ich folgende Darstellung auf eine häufige Steuerfrage: Es kann nie zu einer Doppelbesteuerung in Folge schwankender Kurse kommen, da immer mit dem bisherigen Höchstkurs des ETF verglichen wird.

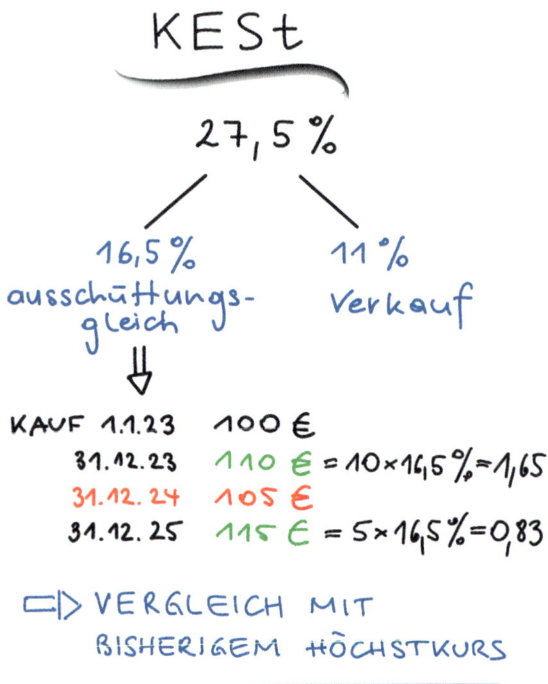

Bei Meldefonds werden die steuerlich relevanten Daten von der Bank an die Österreichische Kontrollbank (OeKB) gemeldet. Diese Fonds und ETFs haben einen steuerlichen Vertreter in Österreich. Dadurch wird sichergestellt, dass eine automatische und korrekte Versteuerung gewährleistet ist. Auf der OeKB-Website kann leicht recherchiert werden, welche ETFs dazugehören.

Mein Tipp: Verzichten Sie ausnahmslos auf Nicht-Meldefonds. Dort erfolgt keine Meldung durch die Fondsgesellschaft an die OeKB. Hier werden pauschal 90 % des jährlichen Kursgewinns in Form von KESt fällig (de facto 24,75 %), mindestens aber 27,5 % auf 10 % des Fondswerts.

Das Wertpapierdepot – Kosten und Konditionen

Wer noch über kein Wertpapierdepot verfügt, hat vor der Anschaffung des ersten ETFs die freie Wahl. Er kann sich für ein Depot bei einer Online-Bank oder einer Filialbank entscheiden. Die Electronic-Banking-Plattformen der Filialbanken sind ein zeitgemäßer Service, stellen deswegen jedoch keine Online-Bank dar.

Da die traditionellen größeren Banken im Wertpapierhandel verstärkt unter Konkurrenzdruck geraten, versuchen sie mit günstigeren Angeboten (z. B. »beratungsfreien Wertpapierdepots«) dagegenzuhalten. Ein solches ist beispielsweise das DirektDepot der Erste Bank. Diese Angebote liegen sowohl bei der Depotgebühr als auch bei den Handelskosten zwischen den Online-Brokern und den Filialbanken.

Tabelle 18: vereinfachte Gebühren-Übersicht (ETF-Anschaffung)

Gebühren	Online-Bank/Broker	Filialbank
Depotgebühr p. a.	0 bis 0,3 %	0,6 bis 0,7 %
ETF-Kaufkosten	0,1 bis 0,3 %	1,1 %

Stand: 2024

Beim Aktien- und ETF-Kauf verlangen die Regionalbanken derzeit ca. 1,1 % an Kaufspesen. Auf Nachfrage reduzieren sie die Gebühren um ca. 30 bis 40 %, was auch für die Depotgebühren gilt. Kunden, die für das Wertpapierdepot eine Filialbank wählen, sollten also auf bessere Konditionen pochen, wenn ihnen diese nicht bereits gewährt wurden.

Generell gilt: Wichtiger als die einmaligen Kaufkosten des ETFs sind die Depotgebühren, da sie Jahr für Jahr anfallen. Die laufenden Produktkosten der ETFs sind bei allen Anbietern identisch, die Kaufkosten bei Filialbanken deutlich höher als bei Online-Brokern.

Rechnen wir kurz durch: Mit Sonderkonditionen kann ein Filialbankkunde Depotgebühren von ca. 0,4 % p. a. erreichen und inkl. Produktkosten bei einem globalen ETF (0,2 % p. a.) mit 0,6 bis 0,7 % Gebühren pro Jahr rechnen. Das ist eine deutliche Verbesserung zu einem aktiven Aktienfonds mit ca. 2 % Gesamtgebühren und schlechterer Performance. Unschlagbar bleibt natürlich das Null-Euro-Depot des Online-Brokers, wo wir bei 0,2 % p. a. verweilen.

Für internetaffine Sparfüchse ist es völlig unverständlich, dass man Mehrkosten auf sich nimmt, nur um persönliche Ansprechpartner zu haben. Nicht wenige Menschen wollen das aber. Es ist zu respektieren und jährliche Kosten von 0,6 % erscheinen mir vertretbar.

Gefährlich für Ihr Geld wird es freilich, wenn Bankberater von ETFs abraten und aktiven Fonds die Räuberleiter machen. Lassen Sie sich in diesem Fall nicht beirren und bestehen Sie auf ETFs. Meine persönliche Erfahrung deckt sich nicht mit den vielen Berichten der ETF-Dämonisierung von Wertpapier-Banking-Abteilungen. Ich muss sagen, dass ich durchwegs auf Bankmanager und Filialleiter getroffen bin, die nie ein schlechtes Wort über ETFs verloren haben, außer vielleicht, dass sie damit kein Geld verdienen.

Es spricht wenig dagegen, über ETFs bei einem Online-Broker anzulegen und dennoch Kunde bei der Hausbank zu bleiben. Auch wenn Sie Festgeld anlegen und über ein Giro- und Sparkonto verfügen, sind Sie ein gerne gesehener Bankkunde. Ein Girokonto bei einer Regionalbank kostet Sie in Österreich grob betrachtet ca. 100 Euro im Jahr (ohne Zusatzdienste wie Debit- und Kreditkarten).

Wählt man einen Online-Broker oder eine Online-Bank, sollte unbedingt darauf geachtet werden, dass es sich um einen steuereinfachen Broker handelt. Das ist der Fall, wenn sich der Bankensitz oder eine Niederlassung in Österreich befinden. Damit übernimmt der Broker die korrekte KESt-Versteuerung im Namen des Kunden, indem die Abgaben an das Finanzamt abgeführt werden.

Entscheidet man sich hingegen für einen nicht steuereinfachen Broker (häufig sind dies Neo-Broker) im Ausland, darf man die Steuerlast selbst berechnen. Da dies kaum jemandem gelingen wird, kann man sich einen spezialisierten Steuerberater suchen. Vermeiden Sie dieses Szenario unbedingt.

Der Depotübertrag

Wer bereits über ein Wertpapierdepot verfügt und zu einer Online-Bank oder einem Online-Broker wechseln will, sieht sich mit zwei möglichen Szenarien konfrontiert.

Entweder man verkauft seine aktiv gemanagten Produkte (z. B. Aktien, Fonds), um sie durch ETFs zu ersetzen – löst aber eine Steuerbelastung aus. Dieser Weg ist für alle geeignet, die vom aktiven Investieren genug haben und auf die passive Schiene wechseln wollen, da ETFs niedrige Kosten und höhere Ertragsaussichten haben.

Eine Alternative ist ein Depotübertrag zu einer anderen Bank. Am schwierigsten ist diese Entscheidung, wenn der Anleger bereits ETFs besitzt, die er nicht verkaufen möchte. Ein Depotübertrag zu einer anderen Bank oder einem anderen Broker löst in Österreich grundsätzlich eine Besteuerung (KESt) aus, da dies als Veräußerung der Wertpapiere interpretiert wird.

Wichtig: Die Einkommensteuer-Richtlinien halten fest, dass eine »inländische depotführende Stelle« die KESt nur korrekt abführen kann, wenn sie die Realisierung dieses Wertpapiergeschäfts selbst abwickelt. Diese Steuerbelastung kann umgangen werden, wenn der Wechselwillige den bisherigen Depotverwalter anweist, dem neuen Depotverwalter die Anschaffungskosten der Wertpapiere mitzuteilen.

Achten Sie darauf, dass im Formular, das für den Depotwechsel auszufüllen ist, dieser Passus enthalten ist. In Zweifelsfällen kontaktieren Sie bitte den Steuerberater Ihres Vertrauens.

Im Gegensatz zu Deutschland ist ein Depotübertrag in Österreich mit Kosten verbunden. Es fallen als grober Durchschnittswert etwa 30 bis 40 Euro je Position (Wertpapier) an. Im besten Fall übernimmt der neue Depotverwahrer einen Teil dieser Kosten. Fragen Sie nach, wenn die »Depotwechselprämie« nicht ausgeschildert ist.

Der Depotübertrag dauert in der Regel ein bis zwei Monate, ich kenne aber auch Fälle, in denen es länger gedauert hat. Während dieser Phase können die Wertpapiere nicht veräußert werden.

Kurzzusammenfassung:

Übertrag des Wertpapierdepots (Schritte):

- Begründung der Entscheidung für einen neuen Anbieter (meist: niedrigere Kosten)
- Kostenschätzung des Wechsels durchführen (Wechselprämie klären)
- Formular des neuen Depotverwahrers korrekt ausfüllen
- Steuerbelastung vermeiden, eventuell Anfrage bei Steuerberater
- Sicherstellen, dass in dieser Zeit keine Wertpapiere veräußert werden müssen
- bei Verzögerungen: monatlich nachfragen

Fazit: Aus steuerlichen Gründen an einer schlechten Anlagestrategie festzuhalten, um keine Steuern zu zahlen, dafür aber auf Rendite zu verzichten, ist nicht zu empfehlen.

Ihr Depot sollten Sie aus steuerlichen Gründen auch nicht ins Ausland verlegen.

Ebenso wenig zu empfehlen ist, an renditeschwachen Anlagen so lange festzuhalten, »bis sie wieder im Plus sind«. Die einzig relevante Fragestellung lautet: Existiert eine Anlagemöglichkeit, die mit hoher Wahrscheinlichkeit aufgrund wissenschaftlicher Fakten eine höhere langfristige Rendite bringt? Lautet die Antwort »Ja«, dann sollten Sie zu dieser besseren Variante wechseln.

ETFs an der Börse handeln

Wir wissen bereits, dass ETFs im Gegensatz zu Aktienfonds an der Börse gehandelt werden, sie sind damit sehr liquid und die Kursentwicklung kann laufend beobachtet werden.

Der Börsenhandel verläuft in Deutschland und Österreich über Xetra (Exchange Electronic Trading), das vollelektronische Handelssystem, das von der Deutschen Börse AG 1997 in Betrieb genommen wurde. Xetra ist Marktführer in Europa, 30 % der europäischen ETF-Trades laufen über diese Plattform. Der Handel ist von 9 bis 17:30 Uhr möglich.

Xetra meldet jährlich Zahlen, die das Ausmaß des Börsenhandels erlebbar machen. Was ETFs betrifft, sehen sie für 2023 so aus:
- Anzahl orderbarer ETFs: 2.125
- durchschnittliches monatliches Orderbuchvolumen: 14,1 Mrd. Euro
- Anteil der Privatanleger nach Handelsvolumen: 12 %
- durchschnittliche Ordergröße: 18.000 Euro
- ausgeführte Orders im Monatsschnitt: 1,54 Millionen

Wenngleich auch kleinere elektronische Börsen (z. B. Tradegate, Handel von 8 bis 22 Uhr) ein vergleichbares Angebot bieten, ist Xetra meist die erste Wahl.

Ein wichtiges Kriterium ist die Geld-Brief-Spanne, auch »Spread« genannt. Es besteht eine Spanne zwischen Kauf- und Verkaufskurs eines ETFs (wie bei Aktien). Die Spreads belaufen sich laut Xetra-Angaben bei den liquidesten 20 ETFs auf 0,04 % pro Trade, das sind bei einer Order über 1.000 Euro überschaubare 0,40 Euro bzw. 40 Cent. Wenn Sie nun Mitleid mit der Börse haben: Die Vielzahl an georderten Wertpapieren macht den Braten fett.

Je liquider der Markt bzw. der ETF ist, desto geringer

ist im Normalfall der Spread. Den Unterschied zwischen Geld- und Briefkurs kann der Anleger schon vor dem Deal transparent einsehen.

Bei Kauf bzw. Verkauf des ETFs gibt es zwei Möglichkeiten:

- Market Order (unlimitiert): Hier wird der Auftrag zum nächsten ausführbaren Kurs abgeschlossen (bei einem Kauf spricht man von »billigst«, bei einem Verkauf von »bestens«).
- Limit Order: Hier wird der Auftrag mittels einer Preisgrenze ausgeführt, die der Anleger setzt (Mindestpreis beim Verkauf bzw. Höchstpreis beim Kauf).

Bei liquiden Märkten und ETFs auf die bekanntesten Indizes macht man nichts falsch, wenn man eine Market Order setzt. Wer sichergehen will, kann das Zeitfenster zwischen 15:30 und 17:30 Uhr wählen, wenn die europäischen und die US-Börsen geöffnet sind. Dann ist die Liquidität meist am höchsten. Nachts oder am Wochenende sollte man auf das Traden verzichten.

Um die Liquidität zu stützen, stehen den Börsen ausgefeilte Modelle zur Verfügung. So stellen sogenannte »Market Maker« Kauf- und Verkaufskurse an der Börse. Diese Finanzdienstleister treten als Gegenpartei auf, wenn es zu wenig Angebot oder Nachfrage gibt. Sie sind nicht ehrenamtlich tätig, ihre Vergütung ergibt sich aus der Geld-Brief-Spanne.

Xetra schuf das System der »Designated Sponsors«. Diese Marktteilnehmer (Banken, Wertpapierhändler) verpflichten sich dazu, Preise für weniger liquide Wertpapiere anzubieten, um die Nachfrage zu erhöhen. Sie müssen weitere Anforderungen erfüllen, im Handel sehr präsent sein, maximale Spreads einhalten und Mindestvolumen bei Kauf- und Verkaufskursen beachten. Eine vergleichbare Methodik mit sogenannten »Spezialisten« existiert an vielen Börsenplätzen.

Einmalinvestment oder Sparplan

Einmalinvestment oder Sparplan: Welche Variante ist die statistisch günstigere?

Wir wissen bereits, dass wir langfristig mit 8 % Rendite pro Jahr rechnen können. Bei steigenden Märkten ist eindeutig, dass derjenige, der nicht dabei ist, langfristig eine Renditechance verpasst. Wer nicht zur Party kommt, kann auch nicht mitfeiern.

Der Einstiegszeitpunkt bei einer Einmalanlage hat dabei einen Einfluss auf die Rendite. Wer Anfang 2023 in einen MSCI-World-ETF eingestiegen ist, steht besser da als derjenige, der Anfang 2022 eingestiegen ist, da das Jahr 2022 ein Verlustjahr mit 18 % Minus darstellte.

Das ändert aber nichts daran, dass man sich den richtigen Zeitpunkt nicht aussuchen kann; die Schwankungen sind der Grund für die Risikoprämie an Aktienmärkten.

Vielfach halten zwei Überlegungen Anleger vom Aktien-Investment ab:

- Die hohen Kurse deuten auf eine Überbewertung an den Aktienmärkten hin. Vor kurzem wurde ein Allzeithoch erreicht. Ich warte besser noch ab und steige ein, wenn es zu einer Korrektur gekommen ist. Dann kann ich auch von niedrigeren Kursen profitieren.
- Die Kurseinbrüche der letzten Zeit sind beunruhigend. Die Lage ist unsicher und womöglich steht ein Crash

bevor. Ich warte besser noch ab und steige ein, wenn sich die Situation beruhigt hat. Die Märkte sind dann stabiler und bieten mehr Sicherheit.

Beide Überlegungen haben eine Gemeinsamkeit. Sie halten den interessierten Anleger vom Kauf ab, weil sie ihn verunsichern. Sie berücksichtigen jedoch nicht die folgenden Fakten: Bei tendenziell steigenden Märkten wird es immer wieder zu einem neuen Allzeithoch kommen. Und umgekehrt: Bei volatilen Märkten wird es immer wieder zu Einbrüchen, ein- bis zweimal pro Jahrzehnt sogar zu sehr starken Einbrüchen kommen. Wer einen Berg besteigt, geht nicht immer nur aufwärts, tendenziell tut er es aber so lange, bis er am Gipfel ist.

Da der optimale Zeitpunkt nicht ermittelt werden kann, ist es aussichtlos, auf den richtigen Zeitpunkt zu warten. Weil Aktienkurse nicht voraussagbar sind, ist es schlicht nicht möglich, davon zu profitieren. Es gibt nur einen groben Fehler: Nie einzusteigen.

Der Sparplan

Die Alternative zu einem Einmalinvestment ist ein ETF-Sparplan, also regelmäßiges Ansparen mittels Dauerauftrag. Am häufigsten wird wohl monatlich angespart, doch dies ist ohne Weiteres z. B. quartalsweise oder halbjährlich möglich.

Die Entscheidung, Sparplan oder Einmalinvestment, ist in dieser Form nur für Anleger relevant, die gerade viel Geld zur Verfügung haben. Sehr viele Menschen, besonders jüngere, haben keine großen Summen, die sie investieren können: Für all jene ist ein Sparplan die beste Lösung.

Die dritte Alternative wäre eine Kombination aus Einmalinvestment und Sparplan. Selbstverständlich kann man, wenn man z. B. 10.000 Euro zur Verfügung hat, 5.000 Euro sofort in einen ETF stecken – und den Rest der Summe laufend investieren.

Sparpläne haben einige nennenswerte Vorteile:

- Automatisiertes Sparen ist die ultimative Waffe gegen die menschliche Schwäche, etwas einfach zu vergessen.
- Regelmäßiges Ansparen bei einer guten Rendite lässt das Vermögen langfristig stark anwachsen (je länger angespart wird, desto besser – der Zinseszins-Vorteil).
- Ein Sparplan bewahrt davor, das Geld anderweitig auszugeben; er hat einen ähnlichen Effekt wie das »Zwangssparen« bei der Rückzahlung eines Immobilienkredits.

Sparpläne werden von Filial- und Online-Banken sowie Online-Brokern angeboten, es gibt sie ebenso für aktive Fondsprodukte. Wie bei allen Finanzprodukten spielen die Kosten eine entscheidende Rolle. Bei aktiven Fonds werden üblicherweise die Ausgabeaufschläge in Rechnung gestellt, d. h. Sie zahlen z. B. 5 % pro Kauf (zum Teil wird eine Ermäßigung angeboten, sodass »nur« 3 % anfallen).

Da die laufenden Kosten bei Ansparplänen identisch wie beim Einmalkauf sind, gilt es, die Ausführungskosten beim ETF-Kauf so gering wie möglich zu halten. Als Richtwert würde ich hier maximal 0,75 % pro Sparplan und eine Mindestsumme von 100 Euro pro Monat nennen.

Online-Broker werben zum Teil mit fixen Gebühren pro Ausführung und beschränken die Auswahl kostenlos sparplanfähiger ETFs in Österreich auf eine Auswahl, während in Deutschland häufiger alle ETFs kostenlos bespart werden können.

Zur Illustration wähle ich einen Online-Broker, der 1,50 Euro pro Sparplan-Ausführung in Österreich veranschlagt. Bei einer monatlichen Sparsumme von 100 Euro fallen 1,50 Euro an – nach diesem Buch sind wir schon dafür zu knausrig.

Es gibt drei Möglichkeiten, die Kosten zu senken:

1. den monatlichen Betrag erhöhen: Wir investieren 200 Euro pro Monat, damit fallen akzeptable 0,75 % an Kaufkosten an (1,5 / 200 = 0,75 %)
2. den Betrag belassen, aber quartalsweise ansparen: Wir investieren 300 Euro im Quartal, damit fallen 0,5 % an Kaufkosten an (1,5 /300 = 0,5 %)
3. einen kostenlos sparplanfähigen ETF wählen (die beliebtesten ETFs fehlen hier meist)

Aus Kostensicht besonders geeignet sind Sparpläne bei überschaubarem Budget, wenn auf einen weltweiten ETF gesetzt wird. Bei Sparplänen mit Fixkosten können damit Einmalkosten minimiert werden, da auf einen (statt auf mehrere) ETF gesetzt wird.

Man kann klar festhalten, dass die laufenden Kosten mit einem globalen ETF schon optimiert sind. Niemand sollte sich deshalb wegen weniger Euro Mehrkosten im Jahr den Kopf zerbrechen müssen.

Das Gegenteil eines Sparplans ist ein Entnahmeplan, der bei denselben Anbietern abgeschlossen werden kann, in der klassischen Variante in Kombination mit Festgeld. Dies betrifft v. a. Menschen, die ein regelmäßiges Zusatzeinkommen während der Pension erhalten möchten (bzw.

müssen, weil die staatliche Rente nicht ausreicht). Hier wird das angesparte Kapital wieder »entspart«.

Im Grunde ist dieser Auszahlplan ein Abbuchungsauftrag. Im Falle eines ETFs würde es bedeuten, z. B. monatlich ETF-Anteile zu verkaufen, die zuvor angespart wurden. Als Ziel kann das Kapital dabei komplett aufgezehrt werden oder sich nur auf die Zinsen beschränken, sodass ein Grundbetrag nicht angetastet wird. Je höher die Entnahmerate, desto schneller geht es mit dem Geld dahin. In puncto Sinnhaftigkeit ist ein ETF-Entnahmeplan einem Sparplan unterlegen, denn es ist genauso möglich, immer dann Kapital zu verzehren, wenn es benötigt wird, ohne eine fixe monatliche Kostenbelastung durch die Veräußerung zu tragen.

Ein ETF-Sparplan mit Entnahmemöglichkeit ist freilich sinnvoller als ein Verzicht auf das Investieren. Bewegt sich die Entnahme im Bereich von jährlich maximal 4 %, ist die Wahrscheinlichkeit hoch, dass das Kapital für 30 Jahre ausreicht. Noch sicherer wäre, nur 3 % p. a. zu entnehmen.

Kommen wir nochmals zu der Rendite-Frage um Einmalinvestment und regelmäßiges Ansparen. Vielleicht haben Sie schon vom Cost Average Effect (Durchschnittskosteneffekt) gehört. Der legendäre Benjamin Graham, Lehrmeister von Warren Buffett, scheint ihn popularisiert zu haben. Er schreibt darüber in seinem Klassiker »The Intelligent Investor«.

Die Idee dahinter: Regelmäßiges Investieren in Aktien führt zu einem zufriedenstellenden und langfristig eindrucksvollen Gesamtergebnis. Was später von der Finanzindustrie daraus gemacht wurde: Der Sparplan-Anleger profitiert, wenn die Kurse sinken, da bei sinkenden Kursen mehr Anteile gekauft werden als bei steigenden.

Seit den 70er Jahren wurde diese Theorie wiederholt angezweifelt. Finanzprofessor George Constantinides belegte 1979 die Widersprüchlichkeit des Durchschnittskosteneffekts. In der Folge wurde das Thema wissenschaftlich erforscht. Die Research-Abteilung von Vanguard hat 2012 in mehreren Modellrechnungen die Ergebnisse bestätigt. So übertraf in den USA ein Investment mit Einmaleinzahlung in ca. 90 % der Fälle (10-Jahres-Zeiträume) die Performance eines Portfolios mit gestaffelter Zahlung. 2023 stellte Vanguard Research in einer Untersuchung fest, dass ein 100-%-Aktienportfolio schon nach einem Jahr ein im Durchschnitt um 2,2 % besseres Ergebnis aufwies als ein gestaffelter Sparplan.

In den Beispielen, die im Internet kursieren, wird meist ein kurzer Abschnitt sinkender Kurse ohne Gesamtzusammenhang vorgeführt, damit die Theorie plausibel wirkt.

Benjamin Graham hat nie behauptet, dass »Dollar-cost averaging« die beste aller Strategien sei und schon gar nicht, dass sie im Direktvergleich besser als ein Einmalinvestment sei. Er hat lediglich betont, dass diese Form des Ansparens eine gute Strategie wäre und sie als Antwort auf die psychologische Anlegerschwäche präsentiert.

Dass bei niedrigeren Preisen mehr von einem Gut eingekauft werden kann als bei hohen Preisen, ist eine banale Tatsache. Der Cost Average Effect hat die systematische Substanz der neuen Kleider des Kaisers im Märchen. Sein angeblich dauerhafter Vorteil gegenüber einer Einmalanlage ist heiße Luft.

Einen psychologischen Nutzen haben automatisierte Sparpläne aber allemal: Sie halten den Anleger davon ab, nicht einzusteigen, wenn die Kurse fallen. Er kann sich sogar besser fühlen, weil er gerade günstige Kurse zum Kauf erwischt hat.

Rebalancing

Jeder Anleger sollte sich bei der Zusammenstellung seines Portfolios darüber im Klaren sein, wie risikotolerant er ist. Je nachdem kann seine Aktienquote 0 bis 100 % betragen. Außerdem muss er sich überlegen, wie viel Liquidität er verfügbar haben will und ob in nächster Zeit größere Anschaffungen anstehen. Wer nicht schlafen kann, wenn sein Depot geringfügig schwankt, sollte nicht in Aktien investieren.

Gehen wir in folgendem Beispiel von einem eher konservativen Anleger aus, der 40 % seines Vermögens in einen globalen Aktien-ETF investiert hat. 60 % stecken in sicheren Staatsanleihen.

Tabelle 19: Rebalancing bei einem Musterportfolio

	Aktien-ETF	Staatsanleihen	gesamt
Gewichtung Jahresbeginn	**40 %**	**60 %**	**100 %**
Betrag Jahresbeginn	4.000	6.000	10.000
Veränderung	- 25 %	+ 3 %	- 8,2 %
Betrag Jahresende	3.000	6.180	9.180
Gewichtung Jahresende	**32,7 %**	**67,3 %**	**100 %**
möglicher Ausgleich	+ 1.000	0	+ 1.000
aktualisierte Beträge	4.000	6.180	10.180
aktualisierte Gewichtung	**39,3 %**	**60,7 %**	**100 %**

Zum systematischen Investieren zählt, sein Risiko-Profil festzulegen, die Vermögenswerte auszuwählen und im gewünschten Gleichgewicht zu halten. Im Beispiel-Portfolio hat der ETF eine starke Abwertung erfahren; die Aktienquote muss erhöht werden, um die Balance wiederherzustellen, damit wieder ca. 40 % im ETF stecken. Eine Aufstockung hat im Gegensatz zu einer Entnahme immer einen steuerschonenden Effekt.

Der Anleger ist konsequent, will aber nicht lange rechnen und investiert 1.000 Euro. Dass er knapp unter 40 % liegt, ist nicht tragisch, es genügt ungefähr richtig zu liegen. Wichtig ist, den Prozess zu verstehen. Es ist ein mechanischer Vorgang. Die Balance wird nicht willkürlich, sondern auf Basis einer fixierten Aufteilung ins Gleichgewicht gebracht. Nach der Neugewichtung ist das Portfolio wieder im Lot. Bald geht es hoffentlich aufwärts.

Ein Sparplan eignet sich hervorragend, um Rebalancing zu betreiben, besonders angenehm ist die Aufstockung der betroffenen Anlageklasse bei kostenlosen ETF-Sparplänen. Doch auch eine Einmalzahlung fällt bei einem Online-Broker kaum ins Gewicht.

Am einfachsten funktioniert Rebalancing, wenn man ein- bis zweimal jährlich sein Depot überprüft. Minimale Abweichungen von wenigen Prozenten kann man ignorieren, wenn die Abweichung einer Anlageklasse 20 % übersteigt, kann man tätig werden.

Die Balance kann sich ebenso ändern, wenn die Risikobereitschaft des Investors zunimmt. Dann ist dies eine bewusste Entscheidung. In diesem Beispiel könnte die Aktienquote auf 50 % erhöht werden.

Finanzpornografie

Immer öfter hört man, wenn es ums Investieren geht, den Begriff Finanzpornografie. Er beschreibt plumpe Versuche, Anlegern dubiose Investments schmackhaft zu machen, neigt zu unseriösen Übertreibungen und ignoriert wissenschaftliche Fakten. Er setzt auf Emotionen, Ängste, Gier und schädigt unsere finanzielle Potenz. Wenn es um Aktien geht, strahlt häufig der Börsen-Bulle, der steigende Kurse symbolisiert, vom Heftcover oder vom Bildschirm, zum Teil galoppiert er gar, von einem Feuerball umgeben.

Hauptverursacher dieser Entwicklung, die mit dem Siegeszug der sozialen Medien explodiert ist, sind all jene, die davon wirtschaftlich profitieren, u. a. Börsenmagazine, Finanzportale, Influencer und Blogger mit gefährlichem Halbwissen, Edelmetallverkäufer und Boulevardmedien mit Finanzteil.

Hierzu nur vier reale Titel aus Börsenmagazinen:

- Kurs-Knaller: Über 1.000 % Gewinndynamik
- Megatrend-Aktien für die Ewigkeit: So werden aus 50.000 Euro 1 Mio.
- Die Anlage des Jahres: Öl-Aktien. Wie Sie vom Preisanstieg des schwarzen Goldes profitieren
- Agrar-Aktien: Die sicherste Wette des Jahrhunderts

Wie ernsthaft diese Ratschläge befolgt werden sollten, muss wohl nicht kommentiert werden. Die versprochenen Renditen und Kursziele sind absurd hoch, der Begriff Sicherheit wird falsch verwendet, die Anlage in Einzelwerte oder einzelne Anlageklassen stellt immer ein

Klumpenrisiko dar. Begriffe wie Megatrend, Knaller und sichere Wette triefen geradezu vor Finanzpornografie.

Sinnigerweise wurde das Investment in Öl als Konsequenz des Ukraine-Kriegs (der obige Titel wurde im Juni 2022 publiziert) propagiert, als die Kurse bereits stark gestiegen waren und einen Höhepunkt markierten. Zwischen dem 30.6.2022 (114,81 Dollar) und dem 31.12.2023 (77,04 Dollar) ist der Ölpreis der Sorte Brent an der Londoner Warenterminbörse um 33 % gefallen.

Lassen Sie sich davon nicht beeindrucken und klicken Sie die Meldungen so schnell es geht weg, denn dies ist das Gegenteil von Finanzbildung.

Besonders gefährlich ist, sogenannten Experten zu vertrauen, nicht nur was Finanzfragen betrifft. Das hat u. a. der US-Psychologe Philip Tetlock herausgefunden. Die befragten Politik- und Wirtschaftsberater sollten eine Reihe politischer und wirtschaftlicher Szenarien beurteilen und einschätzen, ob die Situation zukünftig gleichbleiben oder sich zum Besseren oder Schlechteren ändern würde.

Das Ergebnis war verheerend. Die Experten lagen in ihrer Einschätzung der Wahrscheinlichkeit in über der Hälfte der Fälle falsch. Es wäre also besser gewesen, sie hätten geantwortet: Es bleibt alles gleich. Der legendär gewordene Vergleich mit Affen, die Pfeile auf ein Dartbrett werfen, drängt sich auf. Die Komplexität der Welt überfordert die Experten, weil sie sich in einer zufälligen Welt eine logische Geschichte zusammenreimen.

Menschlich reagierten die Fachleute auch, wenn man sie auf ihre Fehler aufmerksam machte. Das hörten sie gar nicht gern und hatten rückblickend allerlei Ausreden parat, warum ihre Prognose nicht eintraf, z. B. Überraschungen oder eine Verkettung unglücklicher Umstände. Sie konstruierten erneut eine Geschichte und blieben bei der Richtigkeit ihrer Schlussfolgerungen; im Nachhinein war alles klar oder fast richtig. Am schlechtesten schnitten die berühmtesten Experten ab, weil sie sich wohl am meisten selbst überschätzten und besonders gewagte Prognosen abgaben.

Crash – Wenn die Dämme brechen

Mit einem Crash verbindet man einen schweren Autounfall, einen Flugzeugabsturz oder einen gewaltigen Kursrutsch an der Börse.

Weil der Anleger mit einem Zusammenbruch an der Börse wieder emotional in die Steinzeit zurückgeworfen wird, kann er kaum rational darauf reagieren. Im Kleinen wirkt wohl die Empfehlung, seltener ins Depot zu schauen. Einen Börsencrash kann man aber schwerlich ignorieren, er ist omnipräsent.

Untergangspropheten nutzen diese Ängste, warnen in Dauerschleife vor Abstürzen, vor dem Ende der Euro-Zone oder der nächsten Weltwirtschaftskrise. Kommt es dann tatsächlich zu einer Krise, was zwangsläufig passiert, haben sie es immer gewusst und im besten Fall noch ein Finanzprodukt und eine Publikation auf Lager, die Abhilfe schaffen.

Obwohl klar ist, dass Einbrüche beste Kaufchancen sind, agieren die Marktteilnehmer (fast alle) anders. Sie verkaufen, wenn sie kaufen sollten bzw. verkaufen, wenn sie die Aktien halten sollten.

Die letzten beiden großen Einbrüche, die Dotcom-Blase ab 2000 und die Finanzkrise 2008 haben die Aktienkurse etwa halbiert. Es war ein hartes Jahrzehnt, in dem Anleger geduldig sein mussten. Wie bei allen vorigen Crashes hätte sich die Geduld aber ausgezahlt, wenn man lange genug gewartet hätte.

Großes mediales Getöse und Live-Ticker machen einen Börsencrash besonders erfahrbar. Dabei kann es bei etlichen Vermögenswerten zu massiven Abwertungen kommen, bei denen man nicht ständig über einen Index oder Kurs informiert wird, z. B. bei Anleihen, Immobilien oder Rohstoffen. Haben Sie schon einmal von einem Oldtimer-Crash, einem Ölgemälde-Crash oder einem Gold-Crash gehört? Hier scheinen Aktien beinahe exklusive Crash-Rechte zu besitzen.

Der nächste Einbruch wird kommen – irgendwann in den nächsten fünf, zehn oder 20 Jahren. Bereiten Sie sich darauf vor. Die Weltuntergangspropheten werden ihre Roadshow dann ausweiten und behaupten, sie hätten das vorausgesagt und immer schon gewusst. Ihre Auftritte sind gesichert. Bleiben Sie dann einfach ruhig. Halten Sie an Ihren globalen Aktien fest.

Die gesamte, weltweit diversifizierte Weltwirtschaft wird weiter kreativ und umtriebig sein. Unternehmen, Branchen, Länder, Banken mögen scheitern, aber das ökonomische Universum wird wieder nicht zerbrechen.

Die Weltwirtschaft wird sich dagegenstellen und ihren großen Trumpf ausspielen. Sie wird sagen: Wir sind der Wohlstand, und ohne uns geht gar nichts. Darauf kann jeder global und umfassend agierende ETF-Anleger bauen, mittlerweile sogar nachhaltiger als jemals zuvor.

ETFs haben die Kapitalanlage-Möglichkeiten revolutioniert. Weitere verwandte Produkte sind ETPs und ETNs. Nicht jeder ETF ist ein sicheres Investment. Sowohl ein Einmalinvestment als auch ein Sparplan sind zum Vermögensaufbau geeignet. Lassen Sie sich von Finanzpornografie nicht aus der Ruhe bringen; dann können Sie einem Börsencrash gelassen und mit Geduld begegnen.

15. NACHHALTIGES INVESTIEREN

»Wenn die Verluste sozialisiert werden, dürfen die Gewinne nicht privatisiert werden.«

Nassim Nicholas Taleb

Seit den 90er Jahren taucht der Begriff »Nachhaltigkeit« vermehrt in Medien und der politischen Diskussion auf und ist mittlerweile Allgemeingut. Häufig als sinnvolle und faire generationenübergreifende Ressourcennutzung verstanden, ist es weit schwieriger, »Nachhaltigkeit« in ihrer ganzen Fülle fassbar zu machen.

Die Vereinten Nationen (UNO) haben 2015 diesen Versuch unternommen und 17 Ziele für nachhaltige Entwicklung festgeschrieben, darunter »keine Armut« (1), »kein Hunger« (2), »hochwertige Bildung« (4), »Geschlechtergleichheit« (5), »menschenwürdige Arbeit und Wirtschaftswachstum« (8), »Maßnahmen zum Klimaschutz« (13) und »Frieden, Gerechtigkeit und starke Institutionen« (16).

Dabei ist bemerkenswert, dass sich die UNO zur ökosozialen Marktwirtschaft und der Notwendigkeit ihrer Weiterentwicklung bekennt. Es wird klargestellt, dass die industrielle Entwicklung ärmerer Länder als unverzichtbar angesehen wird. Wörtlich: »Technologischer Fortschritt bildet die Basis für die Erreichung von Umweltzielen, wie der verbesserten Ressourcen- und Energieeffizienz. Ohne Technologie und Innovation wird es keine Industrialisierung geben, und ohne Industrialisierung wird es keine Entwicklung geben.«

In der Kategorie 8 (»menschenwürdige Arbeit und Wirtschaftswachstum«) wird festgehalten: »Der Zugang zu Finanzdienstleistungen muss verbessert werden, um die Einkommen zu verwalten, Vermögenswerte aufzubauen und produktive Investitionen zu tätigen.«

Der Aufbau von Vermögenswerten wird in den Nachhaltigkeitszielen der Vereinten Nationen genannt und somit als notwendig empfunden.

Nachhaltiges Investieren (englisch: sustainable finance) systematisch zu erfassen, ist herausfordernd, denn es ist mehr als umwelt- oder klimafreundliches Investieren.

Es haben sich bei Kapitalanlagen zwei Standards herausgebildet, nach denen die Unternehmensbewertung erfolgt. Zum einen ist dies der ESG-Standard, wobei die Buchstaben für folgende Bereiche stehen:

ESG (environmental, social and governance)
- environmental – Umwelt (z.B. Klimaschutz, Kreislaufwirtschaft, Ressourcenverbrauch, nachhaltige Lieferkette)
- social – Soziales (z.B. Arbeits- und Menschenrechte, Arbeitssicherheit, Chancengleichheit)
- governance – Unternehmensführung (z.B. Unternehmensethik, Qualitäts- und Risikomanagement)

Zum anderen wird von SRI gesprochen: socially responsible investing, auf Deutsch sozialverantwortliches Investieren.

In der Praxis war der SRI-Standard zunächst eine alternative Bewertungsmethode, die sich mittlerweile als strengerer Maßstab für Nachhaltigkeit entpuppt hat. Der

Schwerpunkt ist, negative Auswirkungen zu verhindern, d. h. es kommt zum Ausschluss von ganzen Branchen oder Unternehmen (z. B. von klimaschädlichen Unternehmen, Waffenherstellern). Das SRI-Modell ist strenger als das ESG-Modell, da Branchen ausgeschlossen werden, deren Unternehmen z. B. durchaus eine positive Unternehmenskultur aufweisen können.

Die Europäische Union hat bereits eine Taxonomie-Verordnung vorgelegt, ein gemeinsames Klassifizierungssystem für nachhaltige Wirtschaftstätigkeiten. Demnach müssen am Kapitalmarkt tätige Unternehmen eine Nachhaltigkeitsberichterstattung abliefern. Derzeit sind nur Großunternehmen betroffen, in den nächsten Jahren wird dies aber auf Klein- und Mittelbetriebe ausgeweitet. Auch eine externe Prüfung ist vorgesehen.

So weit so gut. Doch wer prüft was?

Es verwundert kaum, dass die großen Ratingagenturen und Finanzdienstleiter (u. a. S&P, MSCI, FTSE Russell, Morningstar) die Nachhaltigkeitsbewertungen erstellen und vorantreiben. Basis für die ESG- und SRI-Indizes sind bestehende Markt-Indizes, die in der Folge weiter gefiltert werden, MSCI hat z. B. folgende Nachhaltigkeits-Indizes im Programm, auf deren exakte Beschreibung ich an dieser Stelle verzichte:

- MSCI World ESG Enhanced
- MSCI World ESG Screened
- MSCI ESG Universal Select
- MSCI SRI Low Carbon Select 5 %
- MSCI SRI Select Fossil Fuels
- MSCI Climate Paris Aligned

Die Ratingagenturen führen die ESG-Unternehmensbewertung mit unterschiedlichen Analysemethoden durch (z. B. Sammlung öffentlicher Informationen wie Nachhaltigkeitsberichte, Interviews mit Verantwortlichen, Fragebögen und eigene Analysetools). Es ist jedoch nicht möglich, diese im Detail nachzuvollziehen. Zum Teil gibt es bei ESG-Ratings Komplettverbote, MSCI schließt umstrittene Waffen und Tabak aus.

SRI-Ratings sind strenger und schließen Branchen wegen Ethikverstößen aus, auf der No-Go-Liste stehen z. B. Rüstung, Tabak, Glücksspiel, Alkohol, Pornografie. MSCI lässt Alkohol beim ESG-Rating zu, beim SRI-Rating wird er ausgeschlossen.

Eine alternative Bewertung ist das Best-in-Class-Rating, das z. B. die 30 % schädlichsten Unternehmen ausschließt. Zählt man zu den Unternehmen, die als Vorreiter einer Branche wahrgenommen werden, entsteht ein Marketing-Zusatznutzen, der nicht zu unterschätzen ist. Hier kann z. B. das beste Prozent einer Branche ausgezeichnet werden. Eine diesbezügliche Anerkennung ist der von S&P vergebene »SAM Gold Class Award«.

Es gibt über 800 nachhaltige ETFs (Stand: 2024) und ein paar tausend aktive nachhaltige Fonds, wobei berücksichtigt werden muss, dass viele Fonds gar nicht neu aufgelegt wurden, sondern bei den Fonds einfach Anlageziele bzw. Anlagepolitik entsprechend in Richtung Nachhaltigkeit geändert wurden. »Geht das?«, werden Sie sich fragen. »Ja, das geht«, ist die Antwort – man nennt das in der Fachsprache Rebranding. Es ist gut fürs Geschäft, wenn man zumindest ein bisschen nachhaltig daherkommt.

Man benötigt mehr als eine Machete, um sich durch

das Dickicht des nachhaltigen Anlegens zu kämpfen. Zunächst muss die zu erwartende Langfrist-Rendite stimmen, schließlich sprechen wir von einer Anlage, nicht von einer Spende. Da es im Bereich der ETFs so gut wie keine langfristigen Daten gibt, sind Performance-Daten nur für ETFs zu bekommen, die erst einige Jahre gelistet sind. Im Bereich der aktiven Aktienfonds gibt es durchaus Produkte, die über 20 Jahre alt sind. Damals sprach man noch von Umweltschutz.

Die wichtigsten Auswahlkriterien für eine erfolgreiche Nachhaltigkeitsanlage sind:

- Die Produktkosten für nachhaltige ETFs müssen niedrig sein, im Vergleich zu aktiven Nachhaltigkeitsfonds, aber vergleichbar mit ETFs ohne Nachhaltigkeitsfokus.
- Eine ausreichende Streuung muss gegeben sein (globale Veranlagung; Ausschlussverfahren darf nicht zu streng ausfallen).
- Ein Produktvergleich muss durchgeführt werden.

Die gängigen Internetportale, z. B. »Finanzfluss«, bieten Such- und Analysemöglichkeiten, auch was Nachhaltigkeit betrifft. Sie können von der Auswahl einer strengeren Nachhaltigkeitsrichtlinie bis zu einem Ausschluss gewisser Branchen nahezu alles ausfiltern.

Allein die thematische Einordung bringt etliche Ausschlusskriterien: Alkohol, Suchtmittel, Glücksspiel, Palmöl, Gentechnik, Kohle, zivile Waffen, Kleinwaffen, militärische Waffen, umstrittene Waffen, fossile Brennstoffe, Tabak, Tierversuche, Verhütung, Stammzellen, Kernenergie – die Liste kann fast beliebig weitergeführt werden.

Zunächst ist es wichtig, nicht auf Marketingversprechungen der Finanzindustrie à la »viel Geld verdienen und nebenbei den Planeten retten« zu hören. Der Begriff »Greenwashing« ist weit verbreitet und beschreibt PR-Maßnahmen, die Unternehmen als nachhaltig, grün, vorbildlich darstellen – meist grüner, als sie wirklich sind.

Es endet nicht bei der Presseaussendung, denn es gibt Firmen, die mit der Verleihung von Gütesiegeln gutes Geld verdienen. Was für Konsumenten gilt, sollte auch für Anleger gelten: Man kann nicht alles überprüfen, aber mit kritischem Nachdenken Marketing-Mythen in Frage stellen.

Zum Zweiten: Aktiv gemanagte, provisions-basierte Produkte sind ohne Wenn und Aber teurer und aus meiner Sicht heißt das: weniger nachhaltig.

Besondere Vorsicht ist bei Themen-, Nischen-, Branchen- und Lifestyle-Finanzprodukten geboten. Das gilt besonders für aktive gemanagte Produkte, aber auch für ETFs. Bei Aktien auf Branchen oder Nischen zu setzen ist eine spekulative Wette, wie es eine spekulative Wette ist, auf einzelne Länder zu setzen.

Da eine breite Streuung fehlt, sind diese Anlagen in den meisten Fällen renditeschädigend, zum Teil sogar kurios. Verkauft werden solche Fonds als angebliche Zukunftsthemen, chancenreiche Branchen, Investment in eine Herzensangelegenheit. Beispiele gibt es en masse: Gesundheit, Medizintechnik, alternde Gesellschaft, Biotechnologie, Rohstoffe, Wasser, Wasserstoff, Solarenergie, Windkraft, Frauen- und Gender-Fonds, Diversity, Veganismus. Und natürlich gibt es auch Fonds, die halal sind, d. h. die auf Unternehmen setzen, die (angeblich) den Anlagegrundsätzen der Scharia entsprechen. Sie werden es nicht glauben, welche Unternehmen dazugehören: Microsoft und Tesla, abgebildet z. B. im MSCI World Islamic Index.

Bei manchen Fondsprodukten hat man das Gefühl, dass sie aus einer Comedy-Show stammen: So habe ich einen aktiven »Happy-at-work«-Fonds gefunden, der glückliche Mitarbeiter propagiert. Weniger happy sind dann jene Anleger, die dafür 7 % Ausgabeaufschlag zahlen sollen.

Niedrige Kosten und Produktvergleich erscheinen logisch, aber wie können wir aufgrund fehlender Langzeitdaten die Performance von nachhaltigen ETFs messen? Wir können es bedingt tun, indem wir den mittelfristigen Vergleichsindex ohne Nachhaltigkeitsfokus zu Rate ziehen. Unsere These lautet: Je stärker gefiltert wird, desto stärker müsste die Abweichung sein.

Die ETF-Linie von BlackRock, iShares, liefert einen Rendite-Vergleich über fünf Jahre, den wir nun betrachten.

Tabelle 20: Jahres-Rendite nachhaltiger ETFs (US-Dollar)

2020 bis 2024 (fünf Jahre)	ISIN	Kosten/ Jahr	Aktien	Fonds-Vermögen	Rendite p. a.
iShares Core MSCI World	IE00B4L5Y983	0,20 %	1.395	100,9 Mrd. Dollar	11,2 %
iShares MSCI World ESG Screened	IE00BFNM3J75	0,20 %	1.298	5,1 Mrd. Dollar	11,9 %
iShares MSCI World SRI	IE00BYX2JD69	0,20 %	398	10,6 Mrd. Dollar	12,3 %

Quelle: MSCI

Man kann leicht erkennen, dass beide Nachhaltigkeits-ETFs besser abgeschnitten haben als der MSCI-World-Index. Sowohl der SRI- als auch der ESG-Index haben mit 12,3 bzw. 11,9 % den MSCI World (11,2 %) hinter sich gelassen. Unsere Theorie bestätigt sich: Der ESG-bezogene ETF weist eine Abweichung von lediglich 0,7 % auf. Der stärker gefilterte SRI-Index, der 72 % der Unternehmen ausschließt, hat die beste Performance erreicht und den MSCI World um 1,1 % p. a. geschlagen.

So beachtlich dieses Ergebnis ist, sollte man daraus keine falschen Schlüsse ziehen, in den nächsten Jahren ist keineswegs sichergestellt, dass der SRI-ETF erneut vorne liegt; das umgekehrte Ergebnis kann genauso eintreten. Dass nachhaltiges Investieren aber ein vergleichbares Rendite-Potenzial hat, kann man ohne Weiteres festhalten.

Für welchen Nachhaltigkeits-Index sich der Anleger entscheidet, ist eine Frage der persönlichen Präferenzen, die lauten: Welche Branchen möchte ich ausschließen? Wie stark möchte ich filtern? Vertraue ich den Beurteilungskriterien bei der Nachhaltigkeitsbewertung?

Wie schwer diese Fragen zu beantworten sind, möchte ich an wenigen Beispielen demonstrieren.

Friedlich genutzte Atomkraft gilt hinsichtlich ihres CO_2-Ausstoßes als vorbildliche Technologie, verkörpert aber auch Gefahren (Atommüll, Verstrahlung, Terrorangriffe). In Frankreich und der Schweiz steht sie hoch im Kurs. In Deutschland wurde sie zur Un-Technologie erklärt, nachdem ein Tsunami die japanische Küste traf, für über 20.000 Tote sorgte und ein Atomkraftwerk in Mitleidenschaft zog. Die deutsche Regierung hat 2011 (wenige Tage nach dem Unglück) das Ende der Kernenergie eingeleitet. Das Besondere am »Strahlenunglück« von Fukushima war, dass es laut Bericht des entsprechenden UNO-Ausschusses keinen einzigen unmittelbaren Strahlentoten in Japan gab – im Gegensatz zum eigentlichen Unglück, dem Tsunami. Medialer und öffentlicher Druck haben zur Abschaffung der Atomkraft durch die damalige Kanzlerin Angela Merkel in der Bundesrepublik geführt, nicht die realen Auswirkungen.

Wie sieht es mit Elektromobilität aus? Stellen Sie sich einen Konzern vor, der Elektroautos produziert – und zwar auf die umweltverträglichste Weise, die man sich nur vorstellen kann –, aber gleichzeitig die Mitarbeiter knechtet und ausbeutet. Gut oder böse – oder vielleicht beides zugleich? Bei Verkehrsunfällen sterben jährlich übrigens ca. 1,3 Millionen Menschen.

Wie steht es um Waffen? Diese sind eindeutig etwas Furchtbares, da sind wir uns alle einig. Aber muss sich ein Staat nicht verteidigen? Muss man als freundschaftlich agierender Nachbar ein angegriffenes Land nicht unterstützen? Brauchen wir die Waffenindustrie doch und wo startet diese – bei Geschütz, Zielfernrohr, Computerchip in der Drohne oder dem Fernglas, mit dem ich auch Vögel beobachten kann?

Die Dinge sind eben kompliziert. Aus Renditesicht wäre meine Empfehlung, bei nachhaltigen Investments nicht zu stark zu filtern. Wer es etwas strenger möchte, für den ist der SRI-Index eine echte Alternative. Im obigen Beispiel sprechen wir von ca. 400 Aktien, was im Vergleich zu einigen Einzelaktien immer noch eine beträchtliche Streuung ausmacht. An einem gewissen Vertrauen in die Prozesse der Ratingagenturen führt jedoch kein Weg vorbei.

Nachhaltige Kapitalanlage ist ein komplexes und aktuelles Thema; sie rückt immer stärker in den Fokus von Regierungen und Anlegern. Die Renditedaten der letzten Jahre sind vielversprechend, wenn es sich um breit gestreute, weltweite ETF-Produkte auf Aktienbasis handelt. Man sollte aber keinesfalls auf Nischenprodukte oder Marketinggags der Fondsindustrie hineinfallen.

16. INVESTMENTS, ÜBER DIE MAN NACHDENKEN KANN

Immobilien: Kaufen, mieten, investieren

»Wie Menschen denken und leben: So bauen und wohnen sie.«

Johann Gottfried Herder

Der Erwerb einer Immobilie zu eigenen Wohnzwecken ist eher eine Frage des Lebensstils als ein Investment. Etliche Menschen möchten mit ihrer Familie sesshaft werden, im eigenen Einfamilienhaus oder der eigenen Wohnung, mit oder ohne Pool, mit oder ohne Garten. Manche sind hingegen flexibler, ungebundener oder wechseln öfter Wohn- und Arbeitsort. Für diese Gruppe passt eine Mietwohnung besser.

Fest steht, dass das Abbezahlen eines Immobilienkredits – zumindest bei den meisten – dazu führt, dass konsequenter gespart wird. Man spricht häufig von »Zwangssparen«. Diese Disziplinierung, die durch den Bankkredit erzwungen wird, fehlt bei einer Mietwohnung und hat eine psychologische Komponente.

Es gibt unterschiedliche Zugänge zum Thema Immobilien kaufen oder mieten. Zunächst betrachten wir den potenziellen Kauf einer Wohnung oder eines Hauses aus Fremdkapital-Sicht, da es nicht viele Personen gibt, die ein Haus bar bezahlen können.

Wenn das Vorhaben konkret wird, gilt es mindestens

drei Angebote einzuholen, sich gut vorzubereiten, persönlich zur Bank zu gehen und alle wichtigen Fragestellungen zu berücksichtigen, nämlich:

- Passt das Vorhaben zu meinen Möglichkeiten?
- Bleibe ich (bleiben wir) mit einer hohen Wahrscheinlichkeit lange in dieser Immobilie?
- Wie viel Geld kann ich selbst aufbringen?
- Wie viel Geld benötige ich von der Bank?
- Wähle ich fixe oder variable Zinsen?
- Wie fixiere ich Sondertilgungen (ohne Gebühren)?
- Kann ich Wohnbauförderung in Anspruch nehmen?
- Was muss ich unbedingt vermeiden?

Die gängigste Form des Wohnkredits ist das Annuitäten-Darlehen. Hier werden Zinsen und Schuldentilgung in der Regel mit einer (monatlichen) Annuität in gleichbleibender Höhe zurückgezahlt.

Bei Darlehen kann der Kreditnehmer zwischen fixen und variablen Zinsen wählen, wobei ein fixer Zinssatz mehr Planungssicherheit bietet und zu bevorzugen ist. Die über ein Jahrzehnt dauernde Niedrigzinspolitik der Europäischen Zentralbank seit der Finanzkrise 2008 hat dazu geführt, dass variabel verzinste Kredite lange die erste Wahl waren. Ab Mitte des Jahres 2022 kam es zu Zinserhöhungen, die sich bis in den Herbst 2023 kontinuierlich fortsetzten. Für viele Kreditschuldner stieg die monatliche Belastung bei variabel verzinsten Krediten zum Teil um 50 Prozent.

Auch die Österreichische Finanzmarktaufsicht hat diese Entwicklung erkannt und den Banken 2022 vorgeschrieben, Kredite nur bei ausreichender Absicherung zu vergeben und eine Eigenkapitalquote von 20 % festgesetzt. Das stellt gerade Jüngere vor ein großes Problem, denn der Immobilienmarkt kennt in den attraktiven Ballungszentren nur eine Richtung: nach oben.

In meiner Heimat Vorarlberg – u. a. der Homebase der industriellen Weltmarktführer in den Bereichen PET-Flaschen, Möbelbeschläge und Seilbahnen – ist eine Neubauwohnung in einer guten Lage im Rheintal (d. h. etwa in den Städten Bregenz, Dornbirn oder Feldkirch) unter 7.500 Euro pro m^2 kaum zu bekommen, und das ist noch eine konservative Annahme. Das hieße dann: 120.000 Euro an Eigenkapital sind bei einer 80-m^2-Wohnung zu erbringen. Und dabei sind hier die Kaufnebenkosten von 10 bis 12 % (Grunderwerbsteuer, Grundbucheintragungsgebühr, Eintragung des Pfandrechts ins Grundbuch, Maklerprovision, Anwalts- bzw. Notarkosten) noch gar nicht berücksichtigt. Für jüngere Arbeitnehmer bleiben somit nur die Alternativen, eine kleinere Wohnung, eine schlechtere Lage oder eine gebrauchte Wohnung zu kaufen. Dies wird mittel- bis langfristig zu einem großen Problem bei der Wohnraumschaffung führen.

Bei einem endfälligen Darlehen werden während der Laufzeit nur die Zinsen bezahlt. Die Rückzahlung des Kreditbetrags kann erfolgen, wenn z. B. die zugehörige Immobilie verkauft wird oder über einen anderen Vermögenswert besichert ist.

Die Kombination aus endfälligem Darlehen und Tilgungsträger (z. B. aktiv gemanagte Aktienfonds) in Kombination mit Fremdwährungskrediten mit variablen Zinsen war in Österreich bis 2008 beliebt. Mit der Finanzkrise hat sich gezeigt, dass sich diese Ansammlung von Risiken mit dem Erwerb einer Wohnimmobilie nicht vereinbaren lässt.

Im Worst Case passierte Folgendes:

1. Bei den Franken-Krediten hat der Euro stark verloren – das Währungsrisiko.
2. Bei steigenden Zinsen steigt die Gesamtbelastung der monatlichen Rückzahlung – das Zinsrisiko. Wenn keine Zinsen getilgt werden, kommen noch die Zinseszinsen dazu. Während ein langfristiger Anleger vom exponentiellen Wachstum profitiert, wirkt der Zinseszins bei einem Kredit genau umgekehrt.
3. Die Aktienfonds, Anleihenfonds oder Mischfonds haben meist schlechte Renditen und hohe Gebühren produziert – das Vermögensvernichtungs-Produkt-Risiko (den Begriff habe ich soeben erfunden, er ist etwas hart). Zum Teil wurden diese Produkte noch über eine Lebensversicherungskonstruktion unnötig verteuert.

Warum wurden solche Produktkonstellationen überhaupt empfohlen, wenn sie so riskant sind? Weil man damit viel Geld verdienen kann, ist die Antwort.

Tipps bei der Finanzierung einer Immobilie

1. Vergleichen Sie Kreditkonditionen (Internetportale) und holen Sie mindestens drei Kreditangebote bei Banken ein.
2. Lassen Sie sich in den Vertrag schreiben, dass Sie jederzeit kostenlose Sondertilgungen durchführen können. Bestehen Sie darauf.
3. Setzen Sie die Tilgungsrate realistisch an, aber keinesfalls zu niedrig. Die Spardisziplin erhöht sich dadurch.

4. Nutzen Sie die Möglichkeit der Wohnbauförderung.
5. Wählen Sie eine langfristige, fixe Zinsbindung, auch wenn variable Zinsen gerade attraktiv wirken. Sie haben damit das Risiko von Zinserhöhungen im Griff.
6. Bleiben Sie bei dieser Linie und lassen Sie sich zu keinem anderen Produkt verleiten.
7. Konzentrieren Sie sich auf die Rückzahlung Ihres Kredits, bevor Sie in Aktien investieren. Das können Sie tun, wenn das Darlehen getilgt ist. Davor sind Sondertilgungen die beste Wahl.

Was tun, wenn das Geld nicht reicht?

Es ist eine Schlüsselfrage, wie bei der Finanzierung des Wohntraums vorgegangen wird, wenn es sich einfach nicht ausgeht. Welche Abstriche sinnvoll sind, hängt dabei ganz von der individuellen Situation ab.

Singles und jüngeren Paaren, die in den nächsten Jahren noch keinen Nachwuchs planen, würde ich raten, sich für eine der beiden folgenden Varianten zu entscheiden:

- langfristig Mieter werden und nicht benötigtes Geld zumindest zehn Jahre in ETFs anlegen
- bei einer Kaufentscheidung: Abstriche bei der Wohnungsgröße machen und nicht bei der Lage, d.h. eine kleinere, energieeffiziente Wohnung in einer zentralen, städtischen Lage

Warum? Es gibt in boomenden Regionen immer mehr Singles, aber auch viele Arbeitskräfte, die zuziehen oder Menschen, die gerade eine Scheidung hinter sich haben. Die Wohnungspreise steigen und Wohnungen in guten Lagen bleiben erste Wahl. Das kann man z.B. in Westösterreich im städtischen Bereich beobachten.

Größere Wohnungen mit guter Ausstattung in Top-Lagen werden für Familien immer unerschwinglicher und stellen bei Kauf und Vermietung ein erhöhtes Risiko dar. Eine energieeffiziente Wohnung bedeutet zudem geringere Nebenkosten als ein Sanierungsfall. Und dann sind da noch Städte wie Innsbruck, wo die Nachfrage nach kleinen Wohnungen oder Wohngemeinschaften so enorm ist, dass ein Leerstand fast unmöglich erscheint und hohe Mieten garantiert sind. Studenten überrennen hier den Wohnungsmarkt regelrecht, natürlich auch, weil die Lebensqualität stimmt.

Tiefgaragenplätze sind für mich ein Geheimtipp. Bei Neubauwohnungen sind die Preise für Tiefgaragenplätze häufig fair und diese sind in Zentrumslagen sehr begehrt. Ich möchte ein Beispiel nennen: Vor kurzem bin ich auf eine Ein-Zimmer-Neubauwohnung in Dornbirn gestoßen. Schöne Architektur, Zentrumslage, 35 m^2, Preis 238.000 Euro (6.800 Euro pro Quadratmeter), Tiefgaragenplatz 25.000 Euro. Wäre ich Immobilieninvestor, wäre das wohl eine sehr gute Option. Wird der Parkplatz nicht genutzt, kann er gut vermietet werden; wird er genutzt, ist er gemeinsam mit der bewohnten Wohnung eine gute Wertanlage. In Bregenz werden Parkplätze in Zentrumslage um bis zu 300 Euro pro Monat vermietet, in Feldkirch wurde kürzlich ein Tiefgaragenplatz im Zentrum um 65.000 Euro verkauft.

Zudem bringt eine energieeffiziente Wohnung einen Vorteil für den Vermieter. Er kann teurer vermieten, denn für den Mieter spielt es keine Rolle, ob er 650 Euro Kaltmiete + 50 Euro Betriebskosten bezahlt oder ob er 600 Euro Kaltmiete + 100 Euro Betriebskosten bezahlt. In beiden Fällen bezahlt er 700 Euro Warmmiete.

Nur wenn es für Sie zweitrangig ist, in einer wenig urbanen Region zu leben und Sie langfristig in derselben Immobilie bleiben möchten, würde ich zum Kauf einer größeren Wohnung in einer mittelmäßigen Lage raten. Von Brennpunkt-Stadtteilen und Sanierungs-Hochhäusern rate ich dringend ab.

Immobilieninvestor werden – eine gute Idee?

Kann man mit Immobilien Geld verdienen, als Investor oder Vermieter? Ja, das kann man. Wenn man ein Profi ist oder einer wird, hohe Fachkenntnis besitzt, dies hauptberuflich verfolgt oder sehr viel nebenberufliche Zeit investiert, ein großes Immobilien-Portfolio aufbaut, über ein hervorragendes Netzwerk verfügt (u. a. Notar, Steuerberater, Rechtsanwalt, Hausbank, Immobilienmakler, Baumeister/Bautechniker, Handwerker), über Kompetenzen im Finanzmanagement und Risikomanagement verfügt.

Ich würde mir das gegenwärtig nicht zutrauen und gehe davon aus, dass ich am Beginn meiner Karriere als angehender Immo-Profi einige Fehlinvestments machen würde. Es gibt keinen Investor, der nicht immer wieder danebengreift. Wieso soll also einem Immobilien-Rookie das Glück immer hold sein? Eine Alternative wäre, den Beruf des Immobilienmaklers zu ergreifen. Aber wie in allen Branchen gilt auch dort: Wirklich viel verdienen die Besten, Geschicktesten, Cleversten, Fleißigsten.

Gehen wir der Reihe nach vor: Wir betrachten die Fakten, die beim Erwerb einer fremdfinanzierten Immobilie zu berücksichtigen sind. Beispiel Österreich:

- Kauf- und Verkaufsgebühren: 10 bis 12 % (Grunderwerbsteuer, Grundbucheintragungsgebühr, Eintragung des Pfandrechts ins Grundbuch, Maklerprovision, Anwalts- bzw. Notarkosten)
- weitere Kosten: Gebühren für Zinszahlung, Instandhaltung, Versicherung, Rechtsberatung, Steuern
- Liquiditätsrisiko: Der Verkauf einer Immobilie kann Monate, Jahre dauern.
- Bewertung: Die Bewertung einer Immobilie kann nur ungefähr erfolgen; der genaue Wert der Anlage ist praktisch immer unklar, da der Markt nur Annäherungswerte bietet.
- Benchmark: Der analytische Vergleich mit ähnlichen Objekten wird bei Privatvermietung kaum vorkommen.
- Große, gewerbliche Vermieter profitieren von Skaleneffekten, können also kosteneffizienter als Privatvermieter mit wenigen Objekten investieren und wirtschaften, haben starke Netzwerke und erhalten bessere Kreditkonditionen.
- Immobilien besitzen wie alle Anlagenklassen ein sogenanntes Klumpenrisiko; eine Streuung über viele Objekte in unterschiedlichen urbanen Regionen, Ländern wäre von Vorteil, ist für Private aber schwer realisierbar.

Hinzu kommt, dass Immobilien nur eine Anlageklasse von vielen sind. Außerdem muss bedacht werden, dass jeder, der schon privat in einer Immobilie lebt, bereits einen erheblichen Anteil seines Vermögens in die Anlageklasse Immobilien investiert hat. Bezüglich der Risikostreuung würde ich deshalb anderen Investments den Vorzug geben.

Risiko und Rendite bei Immobilieninvestments

Zusammengefasst kann man sagen, dass die beträchtlichen Kosten einer Immobilie (Anschaffungs- und laufende Kosten) als Investment nur durch einen Faktor berechtigt erscheinen: eine langfristig hohe Rendite.

Der deutsche ETF-Experte Gerd Kommer hat dieses Thema erschöpfend untersucht und fundierte Rendite-Berechnungen über mehrere Jahrzehnte vorgelegt. Er kommt zum Schluss, dass deutsche Wohnimmobilien (1975 bis 2022) eine inflationsbereinigte Jahresrendite von 2,8 % p. a. abwarfen. In Österreich sind die Renditen mit diesen Ergebnissen vergleichbar.

Weitere Kosten und Gefahrenquellen einer fremdvermieteten Immobilie sind:

- Leerstand von Mietwohnungen
- rechtliche Probleme mit Mietern, Mietrückstände
- Zinsen steigen (Kreditbelastung steigt)
- Reparaturkosten, Schäden (Mieter achten zu wenig auf die Wohnung)
- Instandhaltungs- und Sanierungskosten (Abnutzung)
- Wertverfall der Immobilie (z. B. versteckte Mängel, Attraktivitätsverlust der Lage)

Diesen Kosten stehen steuerliche Vorteile gegenüber; die Immobilie kann abgeschrieben werden und die Kreditbelastung kann mit den Einnahmen gegenverrechnet werden. Im Fall von Sanierungen können Förderungsmöglichkeiten genutzt werden.

Im Wesentlichen können in Österreich Zinsen, Finanzierungsnebenkosten, Kosten der steuerlichen Beratung sowie Rechtsberatung, Betriebskosten und die Afa (Absetzung für Abnutzung) geltend gemacht werden.

Politische Risiken wie diskutierte Mietpreisdeckel oder rechtlich unsichere Inflationsbindungen (Klagen des Konsumentenschutzes) erschweren die Situation von Vermietern und gefährden die Marktsituation. Wenn die Bautätigkeit durch Investoren stagniert, muss der Staat für Bautätigkeit sorgen. Aufgrund der sich verschärfenden Budget-Situation in Österreich wird dies eine Mammut-Aufgabe für die jeweilige Regierung. Denn Mietdeckel, Mietpreisbremse und Wohnungsknappheit vertragen sich nicht. Es besteht zudem eine steigende Gefahr, dass Wohnungen unter der Hand vergeben werden, Schwarzgeld fließt und Mieteinnahmen am Fiskus vorbeigeschleust werden.

Wie dramatisch Immobilienkrisen sein können, hat sich schon oft gezeigt: Die Finanzkrise 2008 ist auf einen Zusammenbruch des Immobiliensektors in den USA zurückzuführen (massenhafte Kreditvergabe an Kunden mit schlechter Bonität). In den letzten Jahren hat es Zusammenbrüche von Großunternehmen gegeben, der chinesische Konzern Evergrande soll 2023 über einen Schuldenrucksack von 300 Milliarden Euro verfügt haben. Die lange gefeierte Signa-Holding mit Österreich-Bezug ist in eine Milliardenpleite geschlittert. Zu schnelles Wachstum, zu hohes Fremdkapital und eine Fehleinschätzung der Risiken dürften die Gründe für dieses Scheitern sein.

Nun drängt sich ein Vergleich auf. Wir wollen schließlich wissen, ob eine Immobilie oder ein Investment in ETFs mehr Rendite abwirft und die wichtigsten Vor- und Nachteile abwägen.

Nehmen wir unsere Mini-Traumwohnung als einfaches Rechenbeispiel. In dieser Modellrechnung sind die Kosten für die Inneneinrichtung (Küche, Möbel) nicht berücksichtigt und günstige Kreditnebenkosten eingerechnet. Es gibt zahlreiche Kreditrechner im Internet sowie Portale (wie z. B. »Durchblicker«), die einen Überblick über realistische Finanzierungsangebote bzw. Zinssätze geben.

Tabelle 21: Einzimmer-Wohnung, Beispiel

35 m² Wohnung, Dornbirn, Annahme: ca. 30 % Eigenfinanzierung	
Kaufkosten 238.000 Euro + 25.000 Euro Tiefgarage = 263.000 Euro + Nebenkosten 10 % = 289.300 Euro	289.300 Euro
Kreditbelastung ca. 200.000 Euro	200.000 Euro
Kreditzinssatz 4 %	
Kreditzinsen p. a. (erstes Jahr)	8.000 Euro
Kreditrate p. a. (inkl. Tilgung)	14.400 Euro
Kreditrate über 20 Jahre, 4 Monate	292.421 Euro
Restschuld nach 20 Jahren, 4 Monaten	0 Euro

Wie Sie sehen, ist die Wohnung in dieser Konstellation nach gut 20 Jahren abbezahlt, wir gehen vom positiven Fall weniger notwendiger Investitionen aus. Die klassische Investorenfrage fehlt aber noch: Wie viel Geld nehme ich an Miete ein? Für diese Wohnung können Sie mit 20 Euro Kaltmiete je m² rechnen. Der Mieter freut sich über die niedrigen Betriebskosten. Sollte er den Tiefgaragenplatz nicht wollen, können Sie diesen anderweitig vermieten.

Tabelle 22: Miete, Beispiel

Kaltmiete je m^2	20 Euro
Kaltmiete gesamt	700 Euro
Kaltmiete (Inflation nicht berücksichtigt)	168.000 Euro
Kaltmiete über 20 Jahre (Inflation: 2,9 % p. a.)	227.318 Euro

Sie sehen, dass Ihr Mieter über 75 % des Kredits für Sie abbezahlt hat und Ihnen die Wohnung nach gut 20 Jahren gehört, hinzu kommen steuerliche Vorteile wegen der Absetzbarkeit von Kosten. Ich bin von der durchschnittlichen Inflation der letzten 20 Jahre in Österreich ausgegangen, die zwischen 2005 und 2024 bei ca. 2,9 % lag. Das hört sich wunderbar an. Was hält uns davon ab, Immo-Investor zu werden?

Der Direktvergleich zwischen ETFs und Immobilien hilft weiter. Wir gehen von Privatpersonen aus; selbstverständlich bieten gewerbliche Unternehmensmodelle andere Möglichkeiten. Für die Analyse von gewerblichen Konstruktionen, besonders attraktiv sind GmbHs, bleibt in diesem Buch kein Raum. Wenn Sie daran interessiert sind, empfehle ich Ihnen den Gang zu einem kompetenten Steuer- bzw. Unternehmensberater.

Tabelle 23: Immobilien- und ETF-Investment im Vergleich (Österreich)

Immobilie	globaler Aktien-ETF
Rendite: nicht prognostizierbar: 8 % nominale Rendite p. a. sind langfristig nur im günstigsten Fall und in Toplagen in ausgewählten Städten möglich	Rendite: 8 % nominale Rendite p. a. sind langfristig realistisch
Steuer bei Veräußerung: Immobilienertragssteuer 30 % des Gewinns	Steuer bei Veräußerung: 27,5 % KESt auf Gewinn
Steuer bei Vermietung: Mieteinnahmen sind nach Einkommensteuertarif zu versteuern, je höher die Einnahmen, desto höher die Steuerbelastung; ab 35.000 Euro jährlichen Einnahmen fällt Umsatzsteuer an **Steuervorteil:** Zinsen, Finanzierungsnebenkosten, Kosten der Steuer- und Rechtsberatung, Betriebskosten und die Abschreibung können gegengerechnet werden.	Steuer beim Behalten: 16,5 % KESt auf Gewinn (60% von 27,5%), jährlich von österreichischer Kontrollbank an Finanzamt automatisch abgeführt; Quellensteuern (Dividenden): automatische Abführung ans Finanzamt **Steuervorteil beim Behalten:** Kommt es zu keinem Verkauf des ETFs, werden in Österreich 16,5 % Steuern (plus Quellensteuer auf Dividenden) vorzeitig fällig.
Risiken: Leerstand, rechtliche und finanzielle Probleme mit Mietern, Zinsanstieg, Sanierung, Liquiditätsrisiko (im Fall des Verkaufs), Klumpenrisiko	Risiken: Marktrisiko: kurz- und mittelfristige Kursschwankung Währungsrisiko: Kurs-Entwicklung zwischen Dollar und Euro schwankt

Die höhere Renditeerwartung von globalen Aktien-ETFs, kombiniert mit dem minimalen Aufwand im Vergleich zu Immobilieninvestments, lässt mich klar für die ETF-Variante votieren.

Durch die Möglichkeit eines Sparplans und den Wegfall etlicher Risiken erscheinen ETFs noch attraktiver. Steuerlich bieten Immobilien ohne Zweifel viele Möglichkeiten für Profis und Steuerexperten, im gewerblichen Bereich noch stärker als im privaten Sektor. Mein Tipp: Wenn Sie es gerne einfach und ertragreich haben, setzen Sie auf ETFs.

Ein immer wieder spannendes Thema lautet: Ist Kaufen rentabler als Mieten? Die Beantwortung dieser Frage ist komplex. Ich habe schon Berechnungen gesehen, die ein ETF-Investment dem Immobilienkredit gegenüberstellen und zusätzlich die Wertentwicklung des Hauses bzw. der Wohnung hochrechnen. Es ist folgerichtig, dass der globale ETF die langfristige Betrachtung fast immer für sich entscheidet. Doch wie schon eingangs erwähnt, ist der Eigenheimkauf eine Entscheidung, die den Lebensstil betrifft.

Ich halte es für unrealistisch, dass viele fast ihr gesamtes Erspartes in ETFs stecken, wenn sie in Miete wohnen. Ich bin überzeugt, dass der Großteil stärker konsumieren würde (wenn wir von der Wohnungseinrichtung absehen, wo als Mieter wohl weniger investiert wird). Die Komponente des Zwangssparens durch den Immobilienkredit tut zudem ihre Wirkung.

Aus diesen Gründen ist der Entschluss Wohnungskauf oder Wohnen zur Miete keine Entscheidung, die man rein mathematisch ergründen kann. Es erschiene mir deshalb unpassend, hier ein abschließendes Urteil abzugeben.

Immobilien sind eine nicht zu unterschätzende, aber keinesfalls risikolose Anlageklasse. Der Erwerb einer Immobilie zu eigenen Wohnzwecken ist eher eine Frage des Lebensstils als eine Investmententscheidung. Gewerbliche Vermieter profitieren stärker von Skaleneffekten als Privatvermieter. Die höhere Renditeerwartung in Kombination mit höherer Liquidität und geringerem Aufwand machen globale Aktien-ETFs aus meiner Sicht zu einem besseren Investment für Privatanleger.

Gold

»Wenn man eine Unze Gold für die Ewigkeit hat, dann hat man an deren Ende immer noch nur diese eine Unze.«

Warren Buffett

Wussten Sie, dass die olympische Goldmedaille vorwiegend aus Silber ist? Ungeachtet dessen hat Gold einen märchenhaften Nimbus als Anlageobjekt. Schon die Lyder prägten unter ihrem legendären König Kroisus im 6. Jahrhundert v. Chr. in Kleinasien Gold- und Silbermünzen. In den griechischen und römischen Mittelmeerkulturen symbolisierten Goldmünzen einen hohen Wert. In Europa ist Gold selten und der mittelalterliche Versuch der Alchemisten, es chemisch herzustellen, blieb eine Illusion. Der neue Traum vom Gold fand in drei US-Etappen im 19. Jahrhundert statt. Die Goldräusche in Kalifornien, Colorado und Alaska (am Klondike River soll Onkel Dagobert reich geworden sein) erwiesen sich für die meisten Glücksjäger als Enttäuschung.

Im Rahmen der Geldtheorien setzte sich im 19. Jahrhundert der Goldstandard durch. Der schottische Aufklärer David Hume hatte bereits im 18. Jahrhundert den Grundstein dafür gelegt. Er war dem Papiergeld gegenüber skeptisch und empfahl, den Wert des Papiergeldes an Gold zu koppeln, um damit die Inflation zu kontrollieren. »Goldstandard« hieß in der Praxis, dass die Zentralbanken Gold zu einem fixen Wechselkurs ankaufen mussten.

Die Kontrolle der Geldmenge verhinderte den Aufwertungsdruck der heimischen Währung. Wenn im Inland die Preise stiegen, stiegen damit auch die Preise von Exportartikeln, d. h. es kam zu einem Rückgang bei der Ausfuhr von Waren. Steigende Inlandspreise machten aber auch importierte (aus dem Ausland eingeführte) Artikel billiger, was die Kaufkraft verbesserte. Sinkende Einfuhren und steigende Ausfuhren führten wieder zu einer ausgeglichenen Zahlungsbilanz. Das heißt: Die Zentralbank musste kein neues Geld drucken, um über den Ankauf ausländischer Währungen die Zahlungsbilanz ins Lot zu bringen. Modern gesprochen: Sie musste nicht intervenieren. Aber sie musste jederzeit in der Lage sein, Papiergeld in Gold umzutauschen, was eine enorme Budgetdisziplin erforderte.

Ab dem Ersten Weltkrieg und der nachfolgenden Weltwirtschaftskrise war der Goldstandard nicht mehr zu halten und immer mehr Länder verabschiedeten sich davon. 1944 kam es mit dem Bretton-Woods-System zur Bindung an den US-Dollar als einzige Ankerwährung für Gold. 1971 wurde das System außer Kraft gesetzt, die Goldbindung an den Dollar war Geschichte. In der Folge schwankte der Preis von Gold im Rahmen von Angebot und Nachfrage, wobei der private Handel mit Gold in den USA erst 1975 möglich war.

Während Gold in den letzten zwei Jahrzehnten sogar besser abschnitt als der MSCI World, hat es von 1975 bis 2024 eine mittelmäßige Performance vorzuweisen. Von 1980 bis 2001 war sie deutlich negativ. Da Gold mit Ausnahme der Schmuckindustrie keinen wirtschaftlichen Ertrag schafft, ist sein Wert rein spekulativ.

Folgende Tabelle gibt uns einen aufschlussreichen Überblick.

Tabelle 24: Gold und Aktien (US-Dollar)

	Gold p. a.	MSCI World Price Index p. a.
1975 bis 2024 (50 Jahre)	5,6 %	8,0 %
1980 bis 2001 (22 Jahre)	- 3,2 %	9,7 %
2005 bis 2024 (20 Jahre)	9,5 %	5,9 %

Quelle: World Gold Council, MSCI

Wenn wir Gold mit dem MSCI World vergleichen, also dem Kursindex ohne Dividendenrendite, hat sich Gold in den letzten 20 Jahren erstaunlich gut geschlagen. Anders sieht es im Zeitraum 1980 bis 2001 aus. Gold hätte in dieser 22 Jahre langen Periode auf USD-Basis eine negative Rendite gebracht. Es ergibt sich also ein zutiefst gespaltenes Renditebild.

Warum wurde der Langfrist-Vergleich zwischen dem MSCI World Kursindex und Gold in Dollar berechnet? Da der Euro 2002 eingeführt wurde (seit 1999 ist die Gemeinschaftswährung elektronisch verfügbar), ist eine weitere Rückrechnung für den Vergleich MSCI World und Gold nur bedingt sinnvoll. Der Euro umfasst viele Länder und Währungen, u.a. die ehemaligen Währungen deutsche Mark und österreichischer Schilling. Für Zeiträume ab 2002 passt der Direktvergleich hingegen.

Wenn wir schon bei Währungen sind, kann man feststellen, dass der Euro im Vergleich zum Dollar keine weiche Währung ist, wie ihm gelegentlich vorgehalten wird. Im Zuge der US-Finanzkrise ab 2007 notierte der Dollar lange schwach zum Euro. Im Herbst 2022 passierte das Umgekehrte, die entschlossene Reaktion der US-Notenbank FED auf die Inflation (in Form von Zinserhöhungen) hat den Dollar gegenüber dem Euro erstarken lassen. Für den Anleger gilt, unabhängig davon, ob er in Gold oder Aktien investiert: Je länger er investiert bleibt, desto weniger können ihm Währungsschwankungen etwas anhaben.

Noch aufschlussreicher wird die Gegenüberstellung des MSCI World und Gold, wenn wir den MSCI World NTR hernehmen. Er enthält die Dividendenrenditen des MSCI World abzüglich der Quellensteuern.

Tabelle 25: Gold und Aktien (US-Dollar)

	Gold p.a.	MSCI World NTR p. a.
1975 bis 2024 (50 Jahre)	5,6%	10,3%
1980 bis 2001 (22 Jahre)	- 3,2%	11,9%
2005 bis 2024 (20 Jahre)	9,5%	8,0%

Quelle: World Gold Council, MSCI

Es fällt auf, dass in den starken Börsenjahrzehnten der 80er und 90er Jahre der Goldpreis eine negative Performance aufwies. Durch die Berücksichtigung der Dividenden schmolz der Vorsprung des Goldpreises, doch in den letzten 20 Jahren behauptete er seinen Vorsprung.

Laut Factsheet wurde der iShares MSCI World ETF am 25. September 2009 aufgelegt. Was wäre passiert, wenn man an diesem Tag in Gold und den ETF investiert hätte und beide Assets bis Jahresende 2024 gehalten hätte? Die Antwort: Der Industrieländer-ETF hätte die Nase vorn gehabt.

Tabelle 26: Gold und Aktien-ETF (US-Dollar)

	Gold p. a.	iShares MSCI World ETF p. a.
25. 9. 2009* bis 31. 12. 2024	6,5 %	10,2 %

Quelle: World Gold Council, iShares

* Auflagedatum: iShares Core MSCI World UCITS ETF ACC (IE00B4L5Y983)

Ob Gold ins Depot soll oder nicht, ist keine einfache Problemstellung. Gold hat wesentliche steuerliche Vorteile; in Österreich sind Gewinne nach einem Jahr Haltedauer steuerfrei. Gold hat zudem häufig eine geringe Korrelation zu Aktien, wenn es zu heftigen Einbrüchen am Aktienmarkt kommt. Vereinfacht: Gold reagiert anders als Aktien. Auf Gold wird in turbulenten Zeiten gerne zurückgegriffen, wenn die Nerven der Aktienanleger flattern (beliebte Floskel: sicherer Hafen). Diese kurzfristig risikosenkende Komponente kann dem Edelmetall nicht abgesprochen werden.

Widersprüchlich ist das sehr langfristige Renditebild. So sehr die letzten 20 Jahre zu überzeugen wissen, die vorher 30 Jahre andauernde Ebbe – eine enorm lange Zeitspanne – sollte nicht ignoriert werden. Einschränkend muss gesagt werden, dass es die 70er Jahre des 20. Jahrhunderts (Ölkrise) sowie die Jahre 2000 bis 2010 (Dotcom-Blase, Finanzkrise) mit Aktionären ebenso wenig gut gemeint haben. Die anschließenden Anstiege waren beeindruckend.

Keine schlüssigen Argumente sind für mich die lange Historie des Edelmetalls oder seine endliche Verfügbarkeit. Die immer wieder aufgeworfene Diskussion um den »Inflationsschutz« von Gold ist eine Rendite-Frage, die langfristig beantwortet werden muss – kurzfristig betrachtet ist sie eher ein Denkfehler. Nach Abwägen der Fakten empfehle ich eine maximale Quote von 10 % des liquiden Vermögens in Gold, wobei ich die selbstgenutzte Wohnimmobilie ausdrücklich nicht zu diesem Vermögen zähle.

Bleibt noch die Frage, wie man in Gold investieren soll. Es gibt die Möglichkeit, Goldbarren oder Anlagemünzen (z. B. Wiener Philharmoniker, Krügerrand, American Eagle) zu wählen, natürlich bei seriösen Anbietern, z. B. der Hausbank oder der Münze Österreich. Der Spread zwischen An- und Verkaufspreis liegt meist bei gut zwei Prozent. Auf Sammlermünzen sollte man nur zurückgreifen, wenn man Sammler statt Investor ist. Es ist besser, keine großen Barren zu besitzen, dann kann das Gold im Ernstfall auch scheibchenweise verkauft werden. Der Klassiker sind Goldmünzen, deren Gewicht eine Feinunze (31,10 Gramm) umfasst.

Die Lagerung der Münzen kann in einem Bankschließfach erfolgen (jährliche Kosten 2025: ab ca. 80 Euro). Zu Hause kann Gold in einem Tresor gelagert werden.

Zudem gibt es die Variante, Gold als sogenannten ETC über die Börse zu kaufen (ETC = Exchange Traded Commodities), dazu wird ein Depot benötigt. Die Produktkosten bilden häufig die Lagerungskosten des echten Goldes ab, da der ETC durch physisches Gold besichert ist. Das macht diese Anlageform sehr sicher. Auch hier fallen Produkt- bzw. Lagerungskosten an, z. B. 0,36 % bei Xetra-Gold, das direkt über die Börse Xetra erworben werden kann.

Gold schafft keinen wirtschaftlichen Ertrag und sein Wert ist rein spekulativ; es hat den Ruf einer Krisenwährung. Während die Performance von 2005 bis 2024 hervorragend war, waren die Jahre von 1980 bis 2001 eine Zeit der anhaltenden Dürre. Die historischen Daten machen Gold damit unberechenbar. Ich würde empfehlen, maximal 10 % des eigenen Vermögens in Gold zu investieren.

Kryptowährungen

»Die Tatsache, dass ein bestimmtes Asset in jüngster Vergangenheit an Wert gewonnen hat, ist niemals ein Grund, es jetzt zu kaufen.«

Warren Buffett

Eine gute Geschichte beginnt mit einem Mysterium: Seit 2008 unter dem Pseudonym Satoshi Nakamoto ein Whitepaper veröffentlicht wurde, das die Funktionsweise der ersten Kryptowährung Bitcoin erklärt, wird spekuliert, wer diese Person sein könnte. Die Finanzkrise war ein idealer Nährboden für Misstrauen in das Währungs- und Bankensystem. Im Jänner 2009 startete die dezentrale digitale Währung, indem Block 0 erschaffen wurde. 2010 kam es zum Pizza-Deal, bei dem ein Programmierer 10.000 Bitcoins für zwei Pizzen bezahlte. Ein Mittelsmann war notwendig, um den Deal mit dem Restaurant in Florida über die Bühne zu bringen. Sie war anfangs lustig, die schöne neue Kryptowelt – und der Hunger des Programmierers gestillt. Doch die Zeiten ändern sich.

Allgemein gesprochen sind Kryptowährungen digitale Zahlungsmittel, die getauscht und gehandelt werden können. Guthaben wird mittels Computercodes übertragen. Einige halten sie für die Non-plus-ultra-Alternative zum aktuellen Anlage-, Geld- und Währungssystem. Neben dem Original Bitcoin existieren zahlreiche weitere Kryptowährungen; laufend kommen neue dazu, während andere verschwinden: Die Zahlen variieren zwischen 8.000 und 25.000 (Stand: 2024).

Das System hinter Bitcoin ist eine Datenbank, die Blockchain (Blockkette) genannt wird. Sie startet mit einem Block, an den weitere neue Informationsblöcke angehängt werden, das sogenannte Mining. Das Netzwerk überprüft den neuen Block und erklärt die Transaktion für gültig. So werden neue Bitcoins geschaffen. Die Miner selbst werden in Bitcoin ausbezahlt, mit einer Belohnung pro erfolgreich überprüftem Block – nur derjenige, dem dies gelingt, erhält die Bitcoins. Die Überprüfung des Blocks basiert dabei auf der Lösung einer kryptografischen Verschlüsselung und erfordert eine hohe Rechenleistung.

Als Zahlungsmittel sind Kryptowährungen schwerfällig und kaum anerkannt, manche Kryptos haben weitere Funktionalitäten. So ist beispielsweise das Ethereum-Netzwerk (Kryptowährung »Ether«), das ebenso auf der Blockchain-Technologie basiert, auch als Plattform für Softwareanwendungen konzipiert.

Letztlich sind Kryptos eher Assets als Währungen, also Vermögenswerte, mit denen spekuliert wird, weil auf einen Wertzuwachs gehofft wird. Wie Gold verfügen auch Kryptowährungen über so gut wie keine wirtschaftliche Wertschöpfung.

Kryptowährungen können über eine Krypto-Plattform direkt gekauft werden; dies ist auch reguliert möglich, z. B. über die »Bison«-App der Börse Stuttgart, ein Tochterunternehmen der Stuttgarter Börse. Es gibt zahlreiche weitere Möglichkeiten zum Erwerb, z. B. über den Wiener Krypto-Broker Bitpanda. Weitere bekannte Plattformen sind Kraken, Coinbase oder Binance.

Ist die Kryptowährung einmal gekauft, kann sie über eine mit dem Internet verbundene Software (Hot Wallet) verwahrt werden, was ich nicht empfehle. Das Risiko eines Hacks ist zu groß. Besser ist, auf eine Hardware Wallet (auch Cold Wallet) zurückzugreifen, die nicht mit dem Internet verbunden ist. Die gängigsten Modelle dieser Cold Wallets heißen Bitbox, Ledger und Trezor. Dies sind hochwertige Geräte, die einem USB-Stick ähnlich sind. Besonders wichtig ist, diese aus Sicherheitsgründen ausschließlich direkt beim Hersteller in verschweißter Verpackung zu erwerben, denn niemand außer Ihnen sollte die Sicherheitscodes kennen.

Während die Public Keys das Konto mit der Adresse des Benutzers verbinden, sind für die Entschlüsselung bzw. den Zugriff auf die Wallet (digitale Geldbörse) die Private Keys erforderlich, ein Passwort mit 51 Stellen. Verliert man die Private Keys, ist der Zugriff auf die Coins Geschichte. Das Beispiel des Walisers James Howells, der seine Private Keys nicht mehr findet, ist tragikomisch. Er glaubt den Schlüssel zu seinen 8.000 Bitcoins (Gegenwert im Februar 2025: 770 Millionen Dollar) auf einer Festplatte gespeichert zu haben, die er im tiefen Rachen der örtlichen Müllhalde vermutet. Doch der Stadtrat lässt ihn nicht graben, und das, obwohl er versprochen hat, wieder ordentlich aufzuräumen.

Alternativ zum Direktkauf können Krypto-Zertifikate erworben werden, sogenannte ETNs (Exchange Traded Notes). Dies sind Schuldverschreibungen, die im Gegensatz zu ETFs kein Sondervermögen darstellen. Dennoch werden sie gelegentlich als Krypto-ETFs bezeichnet. Es kann in eine einzelne Kryptowährung, z. B. Bitcoin, oder in einen Korb mit verschiedenen Kryptos investiert werden. Die meisten dieser Produkte sind durch wirkliche Krypto-

Investments besichert, die das Risiko minimieren. Ganz sicher kann man sich jedoch nicht sein: Im schlechtesten Fall kommt das Emittentenrisiko zum Tragen, wenn der Aussteller der ETNs in Schieflage gerät und die Rückzahlung der Schulden nicht mehr gewährleisten kann. Vorteil für den Käufer: Es wird keine Wallet benötigt. Die gängigen Kaufgebühren liegen bei 1 bis 2,5 %. ETNs können bei Online-Brokern geordert werden.

Im Jänner 2024 hat die US-Börsenaufsicht SEC (Securities and Exchange Commission) die ersten Bitcoin-Spot-ETFs in den USA genehmigt, d. h. über den ETF wird direkt in den Vermögensgegenstand Bitcoin investiert. Zuvor hat die SEC aus Angst vor potenziellen Marktmanipulationen jahrelang gezögert. In der Europäischen Union ist eine Zulassung von Krypto-ETFs nahezu ausgeschlossen, da die Investmentrichtlinie UCITS die Schaffung von ETF-Produkten, die nur einen Vermögenswert abbilden, ausschließt.

Steuerlich geht es dem deutschen Krypto-Investor gut, wenn er Gewinne macht, diese sind nach einem Jahr Spekulationsfrist steuerfrei. Der Österreicher muss hingegen seit 2022 27,5 % KESt im Falle der Veräußerung ans Finanzamt abtreten.

Die Risiken von Kryptowährungen als Investment – kurz zusammengefasst:

1. Die Volatilität (Wertschwankung) ist enorm, seit seinem Bestehen ist Bitcoin sieben Mal um mehr als 50 % eingebrochen. Damit ist die Volatilität deutlich höher als die eines breit gestreuten Aktienportfolios.

2. Die Renditedaten sind selbst für Bitcoin wesentlich kürzer als für andere Anlagen, viele Kryptos sind bedeutend jünger, meist fehlt schon von der Dauer eine verlässliche Datengrundlage.
3. Regierungen entwickelter Staaten werden private Kryptowährungen nicht als Zahlungsmittel zulassen. Auch wenn Krypto-Fans das zum Teil als Vorteil sehen, die Breitenwirkung von Bitcoin und Co. wird dies nicht verbessern.
4. Viele Kryptowährungen sind nicht nachhaltig und werden von kriminellen Organisationen eingesetzt (u.a. Geldwäsche, Betrug).
5. Kryptos stehen für die digitale Gefahr und das digitale Risiko: durch Betrug, Hacks, Verlust der Codewörter, Broker-Pleiten ist bereits jetzt ein mehrfacher Milliardenschaden entstanden.

Die Chancen von Kryptowährungen können kaum geleugnet werden, das zeigen zum Teil spektakuläre kurzfristige Wertzuwächse. So sehr ich es nachvollziehen kann, dass es viele Krypto-Fans gibt, mich überzeugen Kryptowährungen als Investment nur sehr bedingt und ich kann mir nicht vorstellen, in Bitcoin zu investieren.

An alle, die unbedingt Kryptowährungen erwerben möchten, würde ich folgende Empfehlung abgeben:

- Investieren Sie maximal 10 % Ihres liquiden Vermögens. Sollte das Thema Krypto böse enden, verkraften Sie das.
- Kaufen Sie Bitcoin und nur Bitcoin – Bitcoin ist etabliert und wird immer das Original bleiben, auch wenn sich die Kurse der älteren Kryptowährungen an Bitcoin orientieren.

- Manche bezeichnen die ständig neu auftauchenden Coins als Shitcoins. Einige davon sind übrigens Betrugscoins, lassen Sie davon die Finger.

Wie wichtig es ist, seine Coins rechtzeitig in Sicherheit zu bringen, zeigte das bittere Ende der Kryptowährungs-Plattform FTX, die 2022 einen Milliardenschaden für Anleger verursachte. Der ehemalige Gründer Sam Bankman-Fried wurde 2023 wegen Geldwäsche, Veruntreuung und Finanzbetrugs verurteilt.

Wer in Bitcoin investiert, muss sich auf eine Achterbahnfahrt mit ungewissem Ausgang einstellen und sollte Nerven wie Drahtseile haben. Die extremen Kursschwankungen von Kryptos erinnern an Blasen vergangener Zeiten. Von zahllosen weiteren Coins sollte man Abstand nehmen. Ich würde empfehlen, maximal 10 % des eigenen Vermögens in Bitcoin zu investieren.

17. FAKTOR-INVESTING

»Sicher ist, dass nichts sicher ist.«

Karl Valentin

Die Forschung stellte schnell klar, dass es nicht Branchen oder Länder sind, die bei Aktien systematisch für höhere Renditen sorgten. Eugene Fama und Kenneth French fanden aber andere Faktoren. Ihre Erkenntnisse führten zum Fama-French-Dreifaktoren-Modell. Die drei Faktoren waren die Entwicklung des gesamten Aktienmarkts (»Alpha«), die Unternehmensgröße nach Marktkapitalisierung (»Size«) und Aktien mit günstiger, niedriger Bewertung (»Value«).

Mittlerweile ist Faktor-Investing zum Geschäftsmodell geworden, das bei aktiven und passiven Produkten Anwendung findet. Zusammenfassend gesagt wird beim Faktor-Investing versucht, die Rendite durch diese Faktorprämien zu optimieren. Dies soll auf wissenschaftlicher Basis nach klaren Auswahlkriterien erfolgen. Ziel ist hierbei, Aktien auszuwählen, die eine höhere Rendite erwirtschaften als der zu vergleichende Gesamtmarkt.

Beispiele für Faktorprämien:

- geringe Unternehmensgröße (»Size«, »Small Cap«): Bei Aktien kleiner Firmen wird von einer höheren Renditeerwartung ausgegangen (im Vergleich zu Aktien großer Unternehmen).

- geringe Kursschwankungen (»Minimum Volatility«): Bei Aktien mit niedriger Volatilität (Schwankungsbreite) wird von einer höheren Renditeerwartung ausgegangen (im Vergleich zu Aktien mit hoher Schwankungsbreite).
- hohe Dividende (»High Dividend Yield«): Bei Aktien mit hohen Dividendenerträgen wird von einer höheren Renditeerwartung ausgegangen.
- hohes Wachstumspotenzial (»Growth«): Bei Aktien mit Wachstumspotenzial (aber z. B. noch niedrigen Gewinnen) wird von einer höheren Renditeerwartung ausgegangen.
- erfolgreiche Kursentwicklung in der jüngsten Vergangenheit (»Momentum«): Bei Aktien mit überdurchschnittlich hoher Rendite in den letzten Monaten wird von einer höheren Renditeerwartung ausgegangen.
- fundamental unterbewertete Aktien (»Value«): Bei Aktien, deren Kurs im Verhältnis zu bestimmten Kennzahlen (z. B. Kurs-Gewinn-Verhältnis, Buchwert) niedrig ist, wird von einer höheren Renditeerwartung ausgegangen.
- Aktien mit soliden Unternehmensdaten (»Quality«): Bei Aktien mit hoher Eigenkapitalquote und hohem Betriebsgewinn wird von einer höheren Renditeerwartung ausgegangen.

Wie sieht es mit den Renditen und Erfolgen der sogenannten »Faktor-Prämien« aus? MSCI kann für jede der genannten Faktor-Kategorien einen eigenen Index anbieten. Betrachten wir die letzten zehn Jahre, gestalten sich die Ergebnisse wie folgt:

Tabelle 27: MSCI World und Faktor-Indizes: Jahres-Renditen (US-Dollar)

	MSCI World	MSCI World Growth	MSCI World High Dividend Yield	MSCI World Minimum Volatility	MSCI World Momen-tum	MSCI World Quality	MSCI World Small Cap	MSCI World Value
Jänner 2015 – Jänner 2025 (10 Jahre)	11,1%	13,6%	7,8%	5,5%	13,1%	13,7%	8,5%	8,3%
Jänner 2020 – Jänner 2025 (5 Jahre)	12,6%	15,1%	7,7%	3,2%	12,9%	14,6%	8,2%	9,4%

Quelle: MSCI (Rundung auf eine Kommastelle). Die Vergleiche basieren auf dem Brutto-Index (Gross Total Return), also den Brutto-Renditen inkl. Dividenden.

Welches Kind schlägt den MSCI World, den MSCI tatsächlich als »Parents«-Index bezeichnet? Wir können in zwei ausgewählten Zeiträumen (fünf Jahre bzw. zehn Jahre) erkennen, dass in beiden Zeitfenstern die Faktoren »Growth« und »Quality« zu einer deutlichen Outperformance führten und der Faktor »Minimum Volatility« ein schlechteres Ergebnis als der Gesamtmarkt bewirkte. Zudem schwanken die Ergebnisse deutlich.

Es gibt hierzu etliche ETF-Produkte, die sowohl Einzelfaktor-Prämien beinhalten, sowie Multi-Faktor-ETFs, die mehrere Faktoren in einem Produkt bündeln. Außerdem existieren etliche weitere Faktoren wie z. B. »political risk«, wobei sich Faktoren zum Teil überlappen. In Deutschland und Österreich gibt es nicht für alle Einzelfaktoren ETF-Produkte. Diese Tatsache macht es schon schwer, verschiedene Faktoren in Eigenregie zusammenzustellen. Deshalb gibt es Multifaktor-ETFs, die auf eine positive Wechselwirkung verschiedener Faktoren abzielen.

Beim Faktor-Investing verschwimmen die Grenzen zwischen passivem und aktivem Investieren. Es findet zunächst eine Auswahl statt, die sich auf eine wissenschaftliche Objektivierung beruft. Die Auswahlkriterien sind in den meisten Fällen klar definiert und objektiviert. Dies betrifft aber eher die Unterscheidung objektiv und subjektiv. Eine subjektive Einschätzung wäre z. B. das Gefühl oder die Meinung eines Analysten oder sogenannten Experten. Es wird aber letztlich aktiv entschieden, kein marktneutrales Portfolio zu wählen, sondern eine Überrendite über eine andere Gewichtung zu erreichen.

Für den Anleger ist relevant, ob daraus eine verlässliche, langfristige Überrendite erreicht wird.

Gehen wir der Sache auf den Grund – wir vergleichen einen globalen Multifaktor-ETF auf den MSCI World mit dem MSCI World, also einen globalen Index, der ca. 1.600 Aktien in 23 Industrie-Staaten umfasst. Beide Produkte sind thesaurierend, die Dividenden verbleiben also im Fonds.

Der iShares Edge MSCI World Multifactor UCITS ETF (IE00BZ0PKT83) wurde 2015 aufgelegt und ist einer der ältesten Multifaktor-ETFs. iShares umschreibt die Multifaktor-Schwerpunkte wie folgt: günstige Aktien (Wert), finanziell gesunde Unternehmen (Qualität), Trendaktien (Momentum) und Unternehmen mit relativ niedriger Marktkapitalisierung (Größe). Er enthält ca. 460 Positionen.

Dass die meisten Multifaktor-ETFs noch jünger sind, macht den Vergleich noch schwieriger, da Daten fehlen. Wenn wir als Datenbasis fünf Jahre (1.1.2020 bis 31.12.2024) ansetzen, kommen wir zu folgendem Ergebnis:

Tabelle 28: MSCI World und Multifaktor-ETF: 5-Jahres-Rendite (US-Dollar)

	iShares Core MSCI World ETF ACC IE00B4L5Y983	iShares Edge MSCI World Multifactor UCITS ETF ACC IE00BZ0PKT83
2020 bis 2024 fünf Jahre p. a.	11,2 %	8,6 %
Produktkosten p. a.	0,2 %	0,5 %

Quelle: iShares.

Wir berücksichtigen, dass vergangene Renditen keine Garantie für die Zukunft sind. Dennoch ergibt sich ein Stimmungsbild. Hier zeigt sich, und dieser Eindruck wiederholt sich bei den meisten anderen Multifaktor-ETFs, dass die 5-Jahres-Performance des ungefilterten iShares MSCI World wesentlich besser ist, nämlich eine jährliche Durchschnittsrendite von 11,2 % gegenüber 8,6 % beim Multifaktor-ETF.

Angemerkt werden muss, dass die Kostenquote bei Multifaktor-ETFs meist höher liegt (Kostenquote: 0,2 bis 0,7 % jährlich). Im genannten Beispiel sind es 0,2 % beim iShares MSCI World und 0,5 % beim iShares MSCI World Multifactor. Diese Kosten schlagen sich im Renditeergebnis nieder.

Unterschiedliche Faktoren können über verschiedene Zeiträume auftauchen und wieder verschwinden. Irgendein Faktor aus einer riesigen Datenbasis zeigt sich regelmäßig, es ist aber niemals klar, wann er kommt und wann er geht. Wir können es also erahnen: Ob Faktorprämien vorübergehend auftauchen oder nie da waren, ist für den Anleger irrelevant. Die Wahrscheinlichkeit, dass sie langfristig den ungefilterten Index outperformen, ist vage. Nachteilig wirkt sich jedenfalls – das steht fest – eine höhere Kostenquote bei den laufenden Kosten aus; diese sollten immer verglichen werden.

Das Mischverhältnis sowie die Wechselwirkung dieser Faktoren sind hochkomplex und nicht vorhersagbar. Die existierenden Multi-Faktor-ETFs haben in der Regel höhere Gebühren und schneiden nach derzeitigem Stand meist schlechter ab als die anderen weltweit diversifizierten ETFs. Die Kommentare zum Faktor-Investment lesen sich in der Regel wie folgt: »Faktor-Investment kann funktionieren und hat auch schon funktioniert.« Leider kann genauso das Gegenteil gelten. Es gibt keine verlässliche Prognosemöglichkeit, welche Faktoren wann funktionieren und wann nicht.

Wenn ein Faktor über längere Zeiträume nicht wirksam oder fassbar ist, kann man sich sogar kritisch fragen: Inwiefern existiert dieser Faktor überhaupt? Werden die Daten so lange analysiert, bis Auffälligkeiten gefunden werden, die ebenso plötzlich wieder verschwinden? Auch die Logik leidet manchmal mit: Es ist beispielsweise widersprüchlich, dass der Faktor »Momentum« in einem ETF übergewichtet werden soll, in dem die gut laufenden Aktien ohnehin an Gewicht gewinnen. Dies bedeutet nämlich die Verstärkung eines ohnehin auftretenden Faktors.

Das Entscheidende sollte auch beim Faktor-Investing sein, ob eine langfristige Outperformance im Vergleich zum Gesamtmarkt gesichert angenommen werden kann. Dies gilt weder für Einzelfaktor-ETFs noch für Multifaktor-ETFs. Deshalb überwiegen für mich die Nachteile, die da wären: höhere Kosten, keine sichere Langfrist-Prognose, tendenziell schlechtere Historie als das Basisprodukt.

Zur Fragestellung für Privatanleger, ob Faktor-Investing sinnvoll ist, lautet die Antwort: Manchmal sinnvoll, aber nicht notwendig, um gute Renditen zu erzielen. Die Produktkosten sind meist höher, die langfristige Ertragschance ist ungewiss.

Großartig, dass Sie bis zum Ende durchgehalten haben. Ich würde mich freuen, wenn dieses Buch Ihr Begleiter in Finanzfragen wird. Und nun, liebe Leser, bleibt mir nur noch zu sagen: Ich wünsche Ihnen viel Erfolg bei Ihrer Geldanlage und Altersvorsorge.

DANK

Ich danke sehr herzlich

- meiner Frau Verena und meinen Kindern Jonas und Elisa
- dem Verlag edition V: Nina Winkler, Thomas Steiner, Denise Sterr und Magdalena Amann
- dem Bundesministerium für Finanzen (Finanzbildungs-Team)
- der Österreichischen Finanzmarktaufsicht
- Kerstin Polzer, Nicole Oberhauser, Bruno Schratzer, Dominic Dapré und dem ORF Vorarlberg
- Harald Pfarrmaier, Patrizia Gunz, Marion Hofer, Dietmar Hofer und den Vorarlberger Nachrichten
- Brigitte Kompatscher und der NEUEN Vorarlberger Tageszeitung
- Anton Willam und dem Weekend Magazin
- Kavita Naik und MSCI
- Vivek Karnik und S&P Dow Jones Indices
- Frederic Jung und Vanguard
- Frederick Sams
- dem Vorstand und den Mitarbeitenden der VHS Bregenz
- John Evers und dem Verband der österreichischen Volkshochschulen
- meinen Seminarteilnehmern, Kunden und Partnern
- allen Feedbackgebern

LITERATUREMPFEHLUNGEN

Buffett, Warren, Cunningham, Lawrence. *Die Essays von Warren Buffett: Die wichtigsten Lektionen für Investoren und Unternehmer*. 2018.

Gigerenzer, Gerd. *Klick. Wie wir in einer digitalen Welt die Kontrolle behalten und die richtigen Entscheidungen treffen*. 2021.

Graham, Benjamin. *Intelligent investieren. Der Bestseller über die richtige Anlagestrategie*. 2006.

Kahneman, Daniel, *Schnelles Denken, langsames Denken*. 2012.

Kommer, Gerd. *Souverän investieren für Einsteiger. Wie Sie mit ETFs ein Vermögen bilden*. 2023.

Malkiel, Burt. A *Random Walk Down Wallstreet. Warum Börsenerfolg kein Zufall ist. Die bewährte Strategie für erfolgreiches Investieren*. 2023.

Pinker, Steven. *Aufklärung jetzt. Für Vernunft, Wissenschaft, Humanismus und Fortschritt. Eine Verteidigung*. 2018.

Robbins, Tony, *Money. Die 7 einfachen Schritte zur finanziellen Freiheit*. 2021.

Taleb, Nassim Nicholas. *Der Schwarze Schwan. Die Macht höchst unwahrscheinlicher Ereignisse*. 2018.

Thaler, Richard, Sunstein, Cass. *Nudge. Wie man kluge Entscheidungen anstößt*. 2010.

FINANZPORTALE IM INTERNET

www.broker-test.at (Österreich)
www.extraetf.com (Deutschland)
www.finanzfluss.de (Deutschland)
www.finanztip.de (Deutschland)
www.justetf.com (Deutschland)
www.onvista.de (Deutschland)

GLOSSAR

Aktie: Beteiligungswert an einem Unternehmen.

Aktienfonds: Investmentfonds, der das Vermögen in Aktien investiert. Aktienfonds werden aktiv gemanagt (durch Kauf und Verkauf der Aktien).

Aktienindex: Wertpapierkorb, der z. B. Aktien eines Landes gesammelt abbildet (Österreich: ATX, Deutschland: DAX).

Anlageklassen (auch Assetklassen): Anlageklassen kategorisieren Vermögenswerte, z. B. Aktien, Anleihen, Geldmarktanlagen.

Anleihe: Wertpapier, bei dem der Käufer der Anleihe dem Emittenten der Anleihe (z. B. Staaten, Unternehmen oder Bank) einen Kredit gewährt.

Asset: Vermögenswert, z. B. Aktien, Anleihen, Gold, Immobilien, Rohstoffe.

Ausgabeaufschlag: Gebühr, die beim Kauf vieler Investmentfonds fällig wird.

Benchmark: Vergleichswert. Aktien und Aktienfonds werden häufig mit einem Index verglichen.

Bonität: Kreditwürdigkeit eines Unternehmens oder einer Person.

Börse: Handelsplatz für u. a. Aktien, Anleihen, Aktienfonds, ETFs. Alle entwickelten Länder verfügen über Börsenplätze.

Broker: Finanzdienstleister, der im Auftrag von Anlegern an der Börse Wertpapiergeschäfte durchführt.

Bruttoinlandsprodukt: Wirtschaftsleistung eines Landes in einem bestimmten Zeitraum (Produktion von Waren und Dienstleistungen).

Buchwert: Eigenkapital des Unternehmens in der Bilanz (am Bilanzstichtag).

Derivate: Finanzprodukte, deren Wert sich von anderen Wertpapieren, wie z. B. Aktien, ableitet.

Direktbank (Online-Bank, Online-Broker): Banken ohne Filialen, bei denen der Kundenkontakt hauptsächlich über das Internet stattfindet.

Diversifikation: Streuung des Gesamtvermögens auf mehrere Vermögenswerte, um das Risiko zu senken.

Domizil: Rechtlicher Sitz eines Fonds oder ETFs (meist Irland oder Luxemburg).

Emittent: Aussteller eines Wertpapiers (z. B. Bank, die eine Anleihe ausgibt).

Einlagensicherung: Girokonten, Sparbücher, Festgelder sind durch die staatliche Einlagensicherung bis zu 100.000 Euro pro Person und Bank gesichert.

ETF (Exchange Traded Fund): Fonds, der an der Börse gehandelt wird. Fast alle ETFs sind passive Investmentfonds, die sich auf einen Index beziehen.

Faktor-Investing: Übergewichten von Faktoren (»Faktorprämien«) im Aktien-Portfolio, um höhere Renditen zu erzielen.

Festgeld: Geldanlage mit festgelegter Laufzeit und fix vereinbartem Zins.

Geld-Brief-Spanne (auch Spread): Spanne zwischen Ankaufskurs und Verkaufskurs eines Wertpapiers, der Marktkurs liegt etwa in der Mitte (Mittelkurs).

Geldmarkt: Kurzfristiger Handel (bis 12 Monate) mit Geldmarktanlagen, der Großteil der Geschäfte betrifft Banken und Zentralbanken.

Geschlossener Fonds: Alternativer Investmentfonds, der in Sachwerte investiert (z. B. Immobilien, Schiffscontainer oder Flugzeuge).

Hedgefonds: Fonds, der versucht »marktunabhängige« Renditen zu erzeugen (in den meisten Ländern nicht zum Vertrieb an Privatanleger zugelassen).

Index: Siehe Aktienindex.

Kurs-Gewinn-Verhältnis (KGV): Das Verhältnis zwischen dem aktuellen Aktienkurs und dem Jahresgewinn des Unternehmens.

Marktkapitalisierung (auch Börsenwert): Der aktuelle Marktwert einer Aktie an der Börse (vereinfacht: der Marktwert des Eigenkapitals einer Aktiengesellschaft).

Offener Immobilienfonds: Alternativer Investmentfonds, der in Objekte im Wohn- und Infrastrukturbereich und Büro- und Gewerbeflächen investiert.

Performance: Wertzuwachs des Vermögens oder eines Wertpapiers in Prozent

Performance-Gebühr: Zusatzgebühr einiger Fonds, die fällig wird, wenn sie eine Benchmark schlagen oder neue Höchststände im Fonds erreicht werden.

Portfolio: Summe aller Vermögenswerte, z. B. in einem Wertpapierdepot oder Investmentfonds.

Private Equity: Beteiligung an nicht börsenorientierten Unternehmen.

Rating: Benotung der Kreditwürdigkeit von Unternehmen oder Staaten durch eine Ratingagentur. Das Rating drückt die Kreditwürdigkeit des Unternehmens oder Staates bzw. seiner Anleihen aus.

Rendite: Ertrag einer Geldanlage in einem Zeitraum, z. B. einem Jahr (p. a.).

Sondervermögen: Investmentfonds und ETFs sind Sondervermögen (Vermögen der Fondsgesellschaft und Sondervermögen sind strikt voneinander getrennt, der Anleger damit bei einer Insolvenz abgesichert).

Tagesgeld: Geldanlage mit variablen Zinsen ohne feste Laufzeit (die sich am Marktzins orientiert).

Thesaurierend: Bei thesaurierenden Fonds bzw. ETFs werden Dividenden nicht ausgeschüttet (wie bei ausschüttenden Fonds). Sie verbleiben im Fonds.

Total Expense Ratio (TER): Laufende Kosten bzw. Gesamtkostenquote eines Investmentfonds. Bei aktiven Fonds nicht enthalten sind Transaktionskosten, ein etwaiger Ausgabeaufschlag oder eine Performancegebühr.

UCITS: Europäische Vorschrift für ETFs und Investmentfonds. Deutsche Übersetzung: Organismen für gemeinsame Anlagen in Wertpapieren.

Underlying: Basiswert, auf dem das Zertifikat oder Derivat beruht (z. B. Aktie, Index).

Volatilität: Risikomaß bei Anlagen. Volatilität wird mit der Kennzahl Standardabweichung gemessen.

Wertpapier: Sammelbezeichnung für u. a. Aktien und Anleihen. In Fonds und ETFs werden Wertpapiere gebündelt.

XETRA: Die elektronische Handelsplattform an der Frankfurter Börse.

Zertifikate: Von Banken emittierte Wertpapiere. Der Anleger erhält keine Zinsen, sondern wird am Erfolg eines Börsengeschäfts (z. B. der Kurssteigerung einer Aktie) beteiligt.

Zinseszinseffekt: Der Zins oder die Rendite, die ein Wertpapier in einer Zeiteinheit erzeugt und die im nachfolgenden Intervall selbst Zins produziert. Je länger die Betrachtungsperiode, desto stärker wirkt sich der Zinseszins aus.

REGISTER

Dr. Michael Grabher, Geschäftsführer und Erwachsenenbildner, leitet seit 2014 u. a. das Finanz- und Assetmanagement der Volkshochschule Bregenz. Er befasst sich seit Jahren intensiv mit den Themen Coaching, Finanzen und Qualitätsmanagement. Michael Grabher lebt mit seiner Familie in Lustenau / Vorarlberg.